徐雪强 陆益凡 编著

发现陕西

FAXIAN
SHAANXI

中华文明发祥地

未来出版社

图书在版编目（CIP）数据

中华文明发祥地 / 徐雪强，陆益凡编著. --西安：未来出版社，2014.11（2016.10 重印）

（发现陕西）

ISBN 978-7-5417-5443-2

Ⅰ. ①中… Ⅱ. ①徐…②陆… Ⅲ. ①文化史—陕西省 Ⅳ. ①K294.1

中国版本图书馆 CIP 数据核字（2014）第 262203 号

中华文明发祥地
ZHONGHUA WENMING FAXIANGDI

作　　者	徐雪强　陆益凡				
摄　　影	张西平	孙　黎	徐雪强	陈和平	李　刚
	徐卫民	萧　田	陈根远	路　远	张　萍

选题策划　尹秉礼　陆三强
丛书统筹　陆三强　陆　军
责任编辑　马　鑫
封面设计　李亚兵
技术监制　宇小玲　宋宏伟
出版发行　未来出版社
　　　　　地址：西安市丰庆路 91 号　邮编：710082
　　　　　电话：029-84297353　88654719
经　　销　全国新华书店
印　　刷　陕西东风海印刷有限公司
开　　本　880mm×1230mm　1/32
印　　张　6.5
字　　数　80 千字
插　　图　120 幅
版　　次　2014 年 11 月第 1 版
印　　次　2016 年 10 月第 2 次印刷
书　　号　ISBN 978-7-5417-5443-2
定　　价　25.00 元

发现陕西,这个令人神往的地方

李 曦

陕西,是一片神奇的土地。

黄土背负着它,黄河拥抱着它,秦岭巴山拱卫着它。

当你打开中国地图,从乌苏里江到帕米尔高原,从漠河到雷州半岛,中国大地的"原点"在哪里? ——陕西。陕西是名副其实的"天下之中"!

当中央电视台、中央人民广播电台向全世界播报"北京时间"时,"北京时间"由哪里发授? ——陕西。北京时间就是西安时间!

中国历史特别眷顾这片土地。

走在这里的田野上,随便踢起一片砖瓦,说不定它就是周秦汉唐的遗物——这里是随便踢一脚都可能踢出文物的地方!

蓝田猿人从这里站起来,走过了数十万年的历史时空;半坡人在这里生活繁衍,描绘了他们最美的图画;华夏文明从这里撕开蒙昧的黑幕,让文明的曙光照临大地;周秦汉唐在这里兴起,写出了中国古代史上最为光辉的篇章;中国共产党从这里迈开大步,把自己领导的革命推向全国胜利。这里是号称"天然历史博物馆"的地方,在第三次全国文物普查中,陕西地上地下共有文物点49058处,其中古遗址23453处,古墓葬14367座,古建筑(遗址)6702处,国家级重点文物保护单位235个,省级文物保护单位598个,县级文物保护单位2157个,国家级文物123件(组)。这里的古遗址、古建筑、国家级文物数量之多,列全国之首。这里是号称"自古帝王都"的地方——西周、秦国、秦、西汉、新莽、东汉(献帝)、西晋(愍帝)、前赵、前秦、后秦、西魏、北周、隋、唐和大夏曾在陕西建都,延续时间达1500年之久——在中国所有古都中,西安建都的历史最长;在世界四大古都中,西安是东方古都的代表;"南方的才子北方的将,陕西的黄土埋皇上"——中国历史上70多位帝王埋葬在陕西的黄土中,使这里成为中国埋葬帝王最多的地方。这里是中华民族精英荟萃之地,走出过千千万万叱咤风云的人物:中华之祖炎黄二帝、创造文字的仓颉、教民稼穑的后稷、礼贤下士的周文王、制礼作乐的周公旦、传道著经的老子、千古一帝秦始皇、雄才大略的汉武帝、"凿空西域"的张骞、"千秋太史公"司马迁、造纸的蔡伦、药王孙思邈、一代英主李世民、女皇武则天、佛学宗师唐玄奘、"诗圣"杜甫、"诗仙"李白、"新乐府"倡导者白居易、字如其人的大书法家颜真卿、理学家张载、大文豪苏轼,以及毛泽东、周恩来、张学良、杨虎城……

外国人说,到中国不看西安等于没到中国;中国人说,看五千年文明不到陕西等于灭灯观史、黑夜行游!

大自然特别厚爱这片土地。

它把全世界最大的风成高原——黄土高原的中心给了陕西;它在这里推涌出中国南北气候分界第一岭——秦岭;它牵引着黄河以惊天动地之势在壶口给中华民族塑造了一个雄伟壮观的象

征；它以鬼斧神工铸就"中华"万年不移之根基——奇险天下第一山的"华山"；它给中华文明特别开辟出一片沃野千里的"天府"之地——关中平原；它独让陕西聚塞上风光、黄土风情、平原景色和江南意趣为一体，让这片土地物产丰饶而风情万种；它在这片土地下埋藏了中国最多的煤和天然气，给陕西经济腾飞准备了无与伦比的能量资源；它让这里成为中国最大的生物物种基因库之一；它给这里造就了号称"天然地质博物馆"的第四纪冰川遗迹……

现代正密切关注着这片土地。

这里有全国领先的科研机构和军工企业；这里产生了众多国内顶尖、世界一流的科技成果；这里有全国著名的"飞机城""纺织城""农科城"；这里有众多的高等学府和全国最大的民办大学；这里有一支名震全国的作家队伍；这里制作出让世界刮目相看的电影作品，这里的秦腔是中国现存最古老的剧种，这里的腰鼓名闻天下，这里的苹果香飘全国，这里的西凤酒誉满海内外；这里有全世界唯一的朱鹮自然保护区，这里是川金丝猴最大的生息繁殖基地；秦兵马俑成为名传中外的世界第八大奇迹，佛指骨真身舍利让这里成为佛教旅游的圣地；这里有中国最现代化的历史博物馆，这里有中国公路第一隧道……

这就是陕西，一个令人神往的地方。

目　录

丰富灿烂的文化

祖国的中心

1. 内陆腹地中心省

陕西省在我国内陆腹地，是一个东西窄、南北长的狭长形省区，位于东经105°29′至111°15′，北纬30°42′至39°34′之间，大致属全国的中心地带。如果要确定最接近全国中心的省会城市，那么就非陕西省西安市莫属了。因此，西安市有全国中心之称。

在华夏民族的发展史上，陕西又是一个特殊的省区，有着举足轻重的作用。为什么这样说呢？

首先，陕西是华夏民族的重要诞生地。据传华夏始祖黄帝与炎帝都居于陕西这块土地上，在这里繁衍生息，缔造出炎黄子孙——龙

▼泾阳中国大地原点

的传人。

其次，古都西安是备受历代王朝君主青睐的风水宝地。中国历史上，前后有13个王朝定都于此，时间长达千年以上，是我国七大古都中建都时间最长的都市，也是历代封建君王的政治舞台，一部陕西的历史囊括了整个中华民族发展的前半期。

第三，新民主主义革命时期，中共中央在陕北领导了全国的抗日战争和解放战争，延安成为中国革命的指导中心，那里至今还遗留着毛泽东、周恩来、朱德等老一辈革命家生活、战斗的足迹，是进行革命传统教育的生动课堂。

2. 陕西名称的来历

最早出现"陕"的地名可以上溯到西周、春秋时期。西周时期，今天的河南省陕县西南一带被称作"陕原"，周初实行大分封，以陕原定做地理分界线，将西部分封给召公作为封国，所以在《春秋公羊传》中就有"自陕而西者，召公主之"，这便是"陕西"一词最早出现在典籍上的记载。但是，历史上使用"陕西"这一地理名词的时候却并不多，而且地理区划也在不断变化。

今天的陕西，总面积有20.58万平方千米，包括陕北、关中以及陕南三大部分，共10个省辖市和杨凌农业高新技术产业示范区，3个县级市，80个县和24个市辖区，省会为西安市。

3. 两大水系三个地形区

陕西是个内陆省区，其地形的最大特点便是地域狭长。从最南边到最北边长达863千米，从最东边到最西边宽约400千米。由于纬度跨越较大，各地区地理环境上的差异也就十分明显，从北至南大致形成了陕北黄土高原区、关中盆地平原区和陕南秦巴山地区三个明显的地形区。

陕北黄土高原区是整个黄土高原的重要组成部分。我国的黄土高原面积很大，西起青海省的日月山，东达山西省的太行山，北接长

▼黄土高原地貌

城，南连秦岭，面积有40多万平方千米。陕北黄土高原占黄土高原总面积的23%左右，北接长城风沙区，南连关中渭河北岸，占陕西省总面积的45%。

▲关中平原上农民收割小麦的场景

关中平原号称八百里秦川，在陕西省的中部，北、西、南三面环山，南接秦岭，东临黄河，属断陷盆地，地势平坦，土地肥沃，是陕西省的粮棉产区，素有陕西省的"天府之国"之称，占陕西省总面积的19%。

陕南秦巴山地由秦岭、大巴山山地组成，面积近7万平方千米，占陕西省总面积的36%。除秦岭、大巴山外，由于河流切穿，中间形成了一系列串珠状盆地，较著名的有汉中、安康等盆地。

秦岭横穿陕西，是我国地理上南北方的分界线，也是长江与黄河两大水系的分水岭。陕北、关中主要有黄河及其支流流经，水量小、流程短，气候比较干燥；陕南则主要有长江的重要支流汉江和嘉陵江流过，水量充沛，气候也湿润，形成南北强烈的反差。

中华文明发祥地

4. 秦岭以北原地多

原也叫塬，是具有陡峻边缘的桌状平坦地形，也是陕西地形的最主要特点。秦岭以北包括黄土高原区与关中平原区，除部分地区以沟、峁为主外，大多分布着大大小小的原地。这种地形的形成与陕西特殊的土壤构成和气候有很大的关系。无论是黄土高原还是关中盆地，地面构成都是以黄土堆积为主。数层不同时代的黄土，颗粒结构主要靠碳酸钙黏结，遇水易溶解而流失，加之黄土高原暴雨相对比较集中，来势猛、强度大、持续时间又长，往往造成山洪暴发，黄土随之大量流失。这样日积月累，逐渐就形成了像是一块块被切割的原地，

▼ 陕北窑洞

边缘整齐，隔离明显，两原之间布满了一条条的沟壑。

　　陕北高原以甘泉为界，甘泉以南大部分地区分布着众多面积较大的原地。洛川一带的洛川原，黄土原面宽达数千米，是其中最大的原地。其他有名的还有交道原、宜川原、彬县原和长武原等著名原区。

　　关中盆地中黄土台原约占关中盆地总面积的五分之二。贾村原、扶风原、咸阳原最有名，西安以南的神禾原、少陵原、白鹿原原面断续分割，也很有名。关中盆地的黄土台原一般都比较窄小，但数量却很多，海拔一般在460~850米之间，比平均海拔在800米以上的陕北高原低，是陕西省重要的农业生产基地。

5. 河流稀短水量小

　　陕西省的河流，水文特征大致可归纳为河流稀短、水量小、分布不均、南多北少和泥沙含量高等五个特点，由于省区跨度较大，又有黄河、长江水系贯穿，所以形成了两大水系分流的局面。秦岭以北属于黄河水系，流域面积约占全省总面积的63%；以南属长江水系，流域面积约占35%，内流区占2%。

　　黄河及其支流是陕西省最重要的水系，包

括黄河南北向干流及渭河、泾河、洛河、延河、无定河、窟野河等。这些河流由于主要流经黄土高原区，疏松的黄土经河流冲刷，大量混入激流当中，使得这些河流泥沙含量不断增高，加之西北部的半干旱型气候，雨季短、雨量少，河流水量小，流程普遍短。除流域面积最大的渭河外（流域面积有13.49万平方千米），其余河流流域面积大都只有几万乃至几千平方千米，这造成陕西省60%以上区域普遍缺水。

秦岭以南的水系是长江的主要支流汉江、嘉陵江上游的干支流，由于这一带地处湿润、半湿润地区，雨量充沛，长江水量也充足，是陕西省河流水量最丰富的地区。

陕西省的内陆河主要分布在陕北的长城沿线，河流稀少短小，但湖泊较多。内陆河多为季节性河流，可利用的较少，尤其是内陆湖泊，多为咸水，有些还成了盐湖，像定边县的花马池就是陕西省最著名的池盐产地。

▼ 泾河

6. 山高水低峡谷深

　　陕西地形复杂,全省除高原面积占45.5%左右外,山地约占35.7%,而且,大部分为山丘并连,坂道崎岖,有"山高水低峡谷深"之说。

　　陕北高原海拔在800~1800米之间,虽无大的山系,但丘陵、山地较多。北有白于山,是无定河与洛河的分水岭。六盘山的余脉由陇县入陕,称陇山。渭河以北有北山山系,与河流相间,河流谷地的土壤肥沃,为重要的北方农业区,是陕西的"米粮川"。

　　陕南的秦巴山地区包括关中盆地以南的秦岭、大巴山和其间的汉江谷地。两山夹一川的地势结构十分明显。秦岭是东西走向的大山脉,海拔在2500米以上的山峰就有十座左右,

▲ 秦岭

中华文明发祥地

还有九岭十八坡七十二峪。尤其北坡十分陡峻，景色也很优美，多瀑布、急流、险滩，是开发水利资源的重要场所。巴山位于四川、陕西交界地带，长约300千米，一般海拔在1500~2000米之间。由于山系属褶皱断裂带，山地的抬升与断裂作用十分强烈，造成山势险峻，陡峭无比，山高水深，峡谷深流出入其间，形成众多的串珠状河谷。

7. 雄关古道路漫漫

陕西南北多山，在交通工具还不发达的古代，要进入关中平原，需要过险山崖谷和重要关隘。历代王朝定鼎关中与它这种易守难攻的有利地形有着很大的关系。而以长安、咸阳为首都的王朝，或地方割据政权也总是不断地削山劈岭，改造崖谷，筑成四通八达的道

▼ 大散关

路，同时也就筑成了一道道防护屏障——关隘。其中最有名的有潼关、大散关、武关、金锁关等，而处于四关之中的地带，也就因此得了一个关中的称谓。在这些关隘当中，最重要的则数潼关、武关、大散关与金锁关，它们为关中的四扇大门。这四关相连的是关中地区通往东方、北方、东南和西南的主要交通干线。

▲ 金锁关

潼关位于潼关县的黄河南岸，为关中的东大门。它南倚麒麟山，北滨大河，中通一径，有"一夫当关，万夫莫敌"之势。从潼关东出的大道是函谷关道，以长安为起点，沿渭河东去，与今天的陇海线走向一致，是关中通往东方的干道。

武关在陕南丹凤县武关河北岸，是关中的南大门，是关中通往长江中游大道的咽喉。通过武关大道必经蓝田，这样才能到达长安，历史上称为"蓝武道"。大道两边山势险峻，容易陷匿逃亡，古有"一夫守垒，千夫沉滞"之说。

大散关位于宝鸡市西南 26 千米的大散岭上，为关中的西大门，是进入四川的必经之地，

小资料

华山是秦岭东段的重要山峰，海拔约2160米，为花岗岩断块石，突兀于四周由片岩组成的群山之上，多悬崖峭壁，山势险峻，为"五岳"之首，称"西岳"。

史载"北不得无以启梁益，南不得无以固关中"。

金锁关位于铜川市北 15 千米的神水峡附近，为关中的北大门。古有"金锁天堑，鹰鹞难飞"之称，足见关形险胜。

陕西关多、路险，久负盛名，这与它的历史悠久有很大关系。千古名关多是古战场，由此也引发出了历代诗人的诸多吟唱，留下千古美名。

8. 巍峨秦岭险华山

从地理学上来讲，秦岭位于我国副热带，是温带和亚热带以及我国南方和北方的主要分界线。它东西长约800千米，南北宽约200千米，面积55000平方千米，占全省总面积的四分之一。

秦岭南北形态迥异，北坡从山麓到岭脊线水平距离仅40千米，悬崖峭壁，惊险万状，河流源近流急，飞流直下，犹如银链落九天。南坡

从山麓到岭脊线水平距离是100～130千米，坡缓谷宽，河流源远流长，因为岭脊阻碍寒冷空气入侵，所以温暖湿润，绿波万里，森林资源十分丰富。

▲ 华山莲花峰

秦岭山脉如一条巨龙横卧关中平原南侧，山峰林立，著名的有太白山、玉皇山、首阳山、终南山、华山，著名风景区有南五台、翠华山、骊山等。

太白山为秦岭主峰，海拔3767米，山上常年积雪，山下百花争艳，"太白积雪六月天"是关中八景之一，以高、寒、奇、险著称于世。

华山海拔约为2160米，为五岳之首，位于西安市东120千米的华阴市南，以雄险著称。岩体坚硬，山峰个个状如刀削，有东、西、南、北、中五峰。东为朝阳峰，西为莲花峰，南为落雁峰，北为云台峰，中为玉女峰。华山道路崎岖，只能从悬崖峭壁上攀登，所谓"千尺幢"、"百尺峡"和"老君犁沟"，大都是人工从岩壁上开

▼ 华山

▲ 壶口瀑布

凿出来的险道危路。因此山中有"回心石"一景，言人到此已领略奇险路径，回心勇退，故有"祖国河山秀，雄险推太华"之说。但有毅力者则以此自勉，勇于攀登，最终领略到山上诸处异景绝境。

华山山势险峻，只有一条十分陡峭的道路可以通到山上，人们常用"自古华山一条路"来形容它的险要。

9. 滚滚黄河出壶口

黄河从内蒙古的河口镇折向南流，至陕西潼关又折向东去，为山西、陕西两省的界河，习惯上称为北干流。晋、陕之间的黄河，主要流经峡谷地带，河面宽度一般不超过1千米。水流迅急，常有一泻千里之势。特别是黄河流经宜川的壶口时，水面宽度由200~300米紧缩到50米左右，河水从石坎上飞流直下，跃入30多米深的河槽中，形成了黄河上唯一的瀑布。

在距离壶口约5千米路的地方，有一巨石，为孟门山，该山卧镇狂流，将河水一分为二，为壶口又一奇观，河水出孟门之后，犹如金蛇狂舞，直至下口龙门。

相传龙门为大禹所凿，两岸悬崖峭壁，相对如门，每年都有数百条红鲤鱼游到此处，能跃过龙门者即可烧尾化龙，所以有鲤鱼跳龙门之说，龙门山也因此出名。虽说这只是传说，但壶口瀑布的壮观，龙门山的险峭确是事实。

10. 天然秀色属骊山

骊山位于西安市东30千米的临潼区。相传因西周时山下住有骊戎人而得名。又传因此山形似一匹纯黑色的骏马而得名。骊山

▼骊山远景

分东、西两座高峰。古时山上松柏挺拔，花卉若锦，因而出名。骊山的景色以清雅俏丽著称，尤其是每当夕阳西下之时，云霞满天，山色别有一番情调，"骊山晚照"被称为关中八景之一。

骊山不仅自然景观美不胜收，人文景观更是驰名中外。著名的女娲谷据传是天神女娲炼五色石以补苍天之处。"女娲谷"也是人们为纪念这位传说中的女英雄而命名的。老母殿供奉着骊山老母，据说她神力无比，曾帮助过周武王治理天下，立下汗马功劳。周武王曾说帮他治理好天下的著名功臣有十位，骊山老母就是其中之一。这里终年香火不断，拜祭她的善男信女们络绎不绝，表现出人们对她的敬仰之情。

▼骊山老母宫

骊山山顶还有著名的西周烽火台遗址。西周末年，周幽王听信谗言，用点烽火戏弄诸侯博得宠妃褒姒一笑，结果失信于诸侯，最终被犬戎杀于骊山脚下。这烽火台便是当年周幽王点燃烽火之处，也是"一笑失天下"的典故来源之所。

骊山上最有名的处所还数温泉。这里的温泉早在西周时期就已被人们发现，周幽王、秦始皇、

▲ 骊山温泉古源

汉武帝都曾在这里建置行宫、沐浴温汤。到唐代时这里更加繁盛，建起了温泉宫，又名"华清宫"。唐玄宗李隆基每年都要带着宠妃杨玉环及文武众大臣来此游乐，还专门修建了供唐玄宗沐浴的莲花汤，供杨贵妃使用的海棠汤。玄宗与贵妃在此尽享人间乐事，恩爱缠绵。白居易《长恨歌》里就有专门描述"春寒赐浴华清池，温泉水滑洗凝脂。侍儿扶起娇无力，始是新承恩泽时"。他们在长生殿山盟海誓："七月七日长生殿，夜半无人私语时。在天愿作比翼鸟，在地愿为连理枝。"

如今的骊山景色依旧，人们到此除欣赏这里的美景外，还观赏这里的人文景观，留下无穷的遐想与回味。

中华文明发祥地

11. 太白山高林幽深

太白山位于宝鸡市眉县南部，北邻渭河，南濒汉江，跨太白、眉县、周至三县，海拔3767米，雄峙三秦，俯瞰内陆。周代时名叫太乙山，魏晋时因山顶终年积雪，故更名为太白山。它是秦岭山脉的主峰，也是中国内陆海拔最高的山。

太白山的美，美在自然，它一直以高、寒、险、奇，富饶神秘闻名于世，"太白积雪六月天"是陕西关中八景之一。

由于太白山耸立于秦岭之巅，又因秦岭东西走向，阻遏了北方冷气的南侵，同时也挡住了南方暖湿气流的北上，这样就形成了太白山北干冷，南温热的反差气候，使太白山成为我国亚热带与暖温带气候的天然分界线。由于

南北气候交替过渡,形成了华北、华中、华西植物区系的交汇地带,加上它那原始的相对封闭的环境,使这里保持着原有的自然景观,植物资源也十分丰富。从渭河平原到太白山顶,在3000多米的高程范围内,依次出现了暖温带、温带、寒温带、亚寒带、高山寒带等五个气候带。不同高度气候的差异形成植被带谱:自下而上有阔叶栎林带、桦木林带、针叶林带和高灌木草甸带,真是一山有四季,十里不相同。已知的种子植物就达1500多种,苔藓植物300余种;鸟类270多种;珍稀动物更多,大熊猫、金丝猴、羚羊均为国家一级保护动物;特有蝶类就达50余种。富有传奇性的景观、动物更是引人入胜。

太白山玉皇池、三清池边就有一种非常神奇的燕子,名叫白顶汉句,它时常飞舞于池边,

▼ 太白山

一旦有树叶、小草或别的污物落入水中，它便立即飞去叼走，让池水经常保持清净。因此，人们把这种鸟叫做"净水童子"或"净池鸟"。

太白山山幽林深，风景瑰丽，常有进山游览、考察、采药者被奇妙的景色所吸引，不知不觉信步游览，结果迷失方向，因而便有了"太白山诱人、迷人、也噬人"的神奇说法。

为了让更多的人欣赏太白山独特的景观，现在这里已建成太白山国家森林公园，占地2949公顷，高低有致，相差2800多米，其相对高差之大，在国内现有森林公园中是独一无二的。

12. 四季分明温暖宜人

陕西地处我国东南湿润地区到西北干旱地区的过渡带，属大陆性气候。由于受复杂地形的影响，南北气候差异较大。

陕北黄土高原属温带半干旱地区。降水较少，冬季较长，年平均气温低，风沙多是这里气候的主要特征。1月份平均气温在零下10℃以下，7、8月份气温也只有22~24℃左右，为典型的北方气候。

关中地区属于暖温带半湿润地区。大陆性气候非常明显，四季分明。夏季炎热多雨，间有"伏旱"；秋季阴雨连绵，全年雨量多集中在夏秋两季。由于地形属内陆盆地，夏季暑热难以分散，每年7月均出现高温天气。西安又是陕西的高温中心，极端最高温度达38.8℃。据记载，1934年7月14日曾出现过45.2℃的特高温，是中国"四大火炉"之一。冬季一般最低气温在零下8℃左右，冬夏温差较大。

陕南地区年平均气温较高，属北亚热带气候，冬天较暖，夏季气温也不是很高。汉中极端最高温在35.8℃，极端最低温只有零下4.2℃。降水较多，夏秋两季多连阴雨甚至大暴雨，10月以后降水速减，天气晴好，雨雪稀少。

13. 资源丰富矿产多

由于陕西地跨三个气候带，生态条件多样，因此植物的地带性分布特点显著。从北到南既有温带林带，又有北亚热带林区，所以植物资源丰富，种类繁多，野生植物有1.4万多种，种子植物3100多种，占全国总量的13%左右，森林覆盖率达24.1%，高于世界平均水平。秦岭林区的佛坪县及太白山周围还保存有原始森林，代表树种有50余种。陕南及关中南部、秦岭山区还出产竹木以及经济树种，仅油料植物就有近300种，油桐、油茶、油橄榄、核桃等都很有名。另外还有1000余种药用植物，党参是其中最著名的一味,在国内外享有盛名。

陕西的野生动物,既有多种珍禽异兽,更有大量毛皮动物、肉用动物、药用动物及农林益鸟。全省共有珍贵动物32种。其中性情温顺的金丝猴,多生活在海拔1500~2500米的山地密林中,太白山区以及佛坪原始森林是其主要分布区。性情乖僻,喜好清静的大熊猫,以山地竹林为生活地。朱鹮是一种大型珍禽,一般多生活在靠近水田、河滩、沼泽以及长有高大树木的地方,以小鱼及水生昆虫为食,目前仅见于汉中盆地的东部。还有性情凶猛,听觉和嗅觉都很敏锐的老虎等都属于国家的一级保护动物。

已探明的陕西的矿产资源达139种,储量居全国前10位的就有54种,其中锶、铼、水泥用灰岩、水泥配料用黄土等8种属全国第一位。

▼生活在秦岭的野生大熊猫

煤和天然气是最具优势的矿产资源。

陕西省煤储量居全国第三位，全省46%的地区地下均有煤田发现，总储量达9000亿吨以上。全省人均占有煤炭24500多吨，居全国之首。位于陕西北部的府谷、神木、榆林至定边的大煤田，被称为"神府煤海"，已被列为"世界七大煤田"之一。另外，陕西中部韩城、合阳、蒲城、白水、铜川一带也有一片有名的煤矿区，它东西向延伸，被称为"渭北黑腰带"。这条黑腰带成矿早、储量大，年产煤2000万吨，为我国十大煤炭生产基地之一。陕西的大气田主要分布在陕甘宁盆地，储气量约有800亿立方米。

陕西的有色金属矿也很多，黄金的储量及开采量都有着广阔的前景。潼关县的黄金生产已形成规模，年产黄金6万两，居全国第三位。

中华文明发祥地

中华文明发祥地

1. 华夏民族的发祥地

在100万年以前,陕西关中地区是一片温暖、湿润、极为富饶的地域。那时候这里的地形和缓,秦岭山脉高度不足1000米,北麓森林密布,郁郁葱葱,山前台地黄土深厚,灞河水量充足,基本上属于热带、亚热带湿润地区。良好的气候环境孕育出华夏民族最早的祖先,陕西也就成了中华民族的发祥之地。

所谓华夏,据考证意即"居华山之夏族"。夏与华古字相同,本没有什么区别,夏即华,华即夏。而华山也就是今天的秦岭,秦岭在古代通称华山,由此我们便可推断出中华民族最重要的发祥地就是以华山(秦岭)为中心的地带。考古发掘同样证实了这一点。

▼华山南接秦岭,北瞰黄渭,扼守着大西北进出中原的门户。

2. 蓝田猿人

考古学家1963年在陕西蓝田县灞河岸边的一个叫公王岭的地方发现了一具猿人下颌骨化石。化石就是一种由古代的生物遗体、遗物经埋藏地下，年久演变，成为一种跟石头一样的东西。第二年，考古学家又在其附近发现了上颌骨、牙齿、头盖骨化石，世界定名为"蓝田中国猿人"，简称"蓝田猿人"或"蓝田人"。

猿人化石是研究人类起源极为稀少的珍贵标本，而头盖骨就更为罕见。目前世界上仅有少数几个国家发现猿人头盖骨，其中我国就有蓝田和北京两处。北京人头盖骨在1937年日本侵华战争中已经丢失了，至今下落不明，

▼ 蓝田猿人遗址

所以蓝田猿人头盖骨就是我国仅存的标本了。

蓝田人的生活时代距今大约有80万年,还属于猿人阶段。但是,他们已能制造出简单的石头工具,比如石片、砍砸器具、刮削器具等等。虽然这些工具还属于极原始、极简陋的粗糙工具,然而它毕竟是人类起源的一个重要标志,也证明了陕西是中华民族的一个发祥地。

3. 远古文化的摇篮

蓝田猿人的发现,使中国的考古学家为之振奋,也轰动了整个世界。考古学家由此推测,关中盆地是中国人最早的发源地之一。继蓝田猿人之后又陆续在陕西大荔、西安半坡村、宝鸡北首岭、临潼姜寨发现多处远古人活动的遗址,到目前为止,在整个陕南、陕北及关中地区已发现有900余处原始人类聚居遗址。

半坡遗址位于西安东郊的浐河东岸,距今大约有五六千年,是新石器时代一座完整的母系氏族公社的村落遗址。村落布局分居住、制陶窑场和墓葬区。在半坡村的一个大的窖穴里,考古工作者发现有整整一陶罐保留完好的种子皮壳,有数斗已腐朽的粟皮,还有用石、骨、角制成的箭头、矛头、石球等狩猎用品及鱼叉、鱼钩、网坠等捕鱼工具。这些都证明半坡

▲ 西安半坡博物馆

人已相当进步,有了原始的农业、渔猎,学会了制陶技术,有些陶器上还绘有各种形状的几何图形,人面、鱼形图案,说明人类爱美的历史竟可上溯到原始人的阶段,足见美的历程源远流长。

4. 华夏与陕西

"夏"的来源,诸说纷纭,多数认为是西方部族,曾有过西迁经历,然后再由西而东建立王朝。

传说夏国是由夏后氏、有扈氏等12个姒姓部落组成,他们都是黄帝后裔。姒字从"以"而来,邰字从"台"而来,而"以"与"台"古字相同,所以姒字与邰字本出同源。据此可知,姒姓出于有邰氏。有邰氏居于关中渭水边(武功、岐山一带），是周人始祖弃的出生地，也是姜姓与姬姓的发祥地。因此，姒姓也应发祥于渭水。有人认为姬就是姒的变音字，音近义同，二者本是一姓之分化。搞清这一点，关中古老部族周人自称"夏"、"夏后"或"有夏"就不令人奇怪了。此外，"夏"又与"雅"同声，而"雅"是周族地域的称谓，代表关中，因此关中可能就是"大夏"旧域，至少也可表示关中与夏族必有渊源关系。

"夏"又如何变成"华夏"的呢？"华"与"夏"古字相同，"夏"即"华"，"华"即"夏"，"华夏"连称还是夏，所以华夏族就是夏族，或者叫"华族"。考查关中地名，华字较为多见。从传说的角度看，这里是华夏起源地。华夏是古代部族三大集团之一，是炎帝与黄帝所代表的西北部族。秦岭在古代通称华山，秦岭南面叫华阳，位于雍梁之交，与传说的夏族起源的夏水位置相合。汉水古名也曾叫夏水，不过得名较晚。因此，"华"字可能比"夏"字更古，与陕西密不可分。

传说中的尧舜禹也多与陕西有关。尧、虞（即虞舜）都是夏字的音变。在《尚书》等古籍中，又把尧、舜、禹与周族祖先弃结合在一起，把陶唐氏（即唐尧）、有虞氏（即虞舜）与夏、周族结合在一起，视为同一个氏系。《竹书纪年》说尧死葬洛水，而洛水源于陕西；又说舜妻育死葬于渭,而陕西渭水上游陈仓确曾有育的冢祠。《帝王世纪》及《吕氏春秋》都说尧葬于咸阳西北40里,是为谷林。《六国表序》说禹兴于西羌,有的书甚至直呼禹为"戎禹",视为西戎。《世纪》说鲧封崇伯,而关中沣水流域真实存在的崇国,又恰恰自称是鲧之后裔。因此尧、舜、禹的部落,也就是诸夏部落,活动区域是在陕西、山西、河南三省跨河交界处,即华山、霍山一带。

从考古发掘看,华夏古文明最重要、最集中的发源地之一,便是以华山为中心的西部地区。这里有几十万年前的陕西蓝田猿人和大荔猿人文化,有著称于世的仰韶文化遗址,密布于渭河、黄河流域,关中分布最为稠密。其文物之绚丽多彩与生产技术水平之高超,为我国其他地域的同期文化遗址所不及。

华夏又为何改称中华?这与陕西也有关系。华夏族周边有许多其他部族,按四方分称东夷、西戎、南蛮、

▼轩辕黄帝像

北狄,也可合称"四夷"或非华夏族。但由于各种原因,四夷争相进入中原,与华夏族混居。西周末年已出现"南蛮与北狄交"的局面。这势必造成夷夏交融,从而使华夏族内涵和外延扩大。这种民族融合持续了几千年,最终形成了包括数十个民族在内的中华民族共同体。在这期间,华夏族始终被公认为是中华民族的本源和主体。一般认为"中"是指天下之中,具体而言,就是指中原,包括关中和关东,因为这是华夏族原本主要活动区域。上古的中国,仅是中原而已。但随着民族融合,中国的地域不断扩大,中原的外延也不断扩大,在地域不断扩延过程中,中原始终是中心地区。在这个基础上,华夏改称中华,是把族名与地域结合在一起的一种泛称,借以突出中原的核心作用。同时,随着这种地域的变化,使位于中原西部的关中始终能保持天下中心的位置。黄帝被称为中央之帝,应该就是中华或中国的最早意识。炎黄后裔居住的城当然叫中国。这也许是长安成为千年古都和中国象征的一个缘由吧。陕西与中华、中国之称在地域上也有着密不可分的渊源关系。

5. 黄帝和炎帝

从战国后期，我国便有"三皇五帝"的传说了。所谓三皇，有多种说法，一种是指天皇、地皇、泰皇；另一种是指伏羲、神农（或女娲）、黄帝。所谓五帝，说法也莫衷一是，一种是指黄帝、颛顼、帝喾、唐尧、虞舜；另一种是指太皞、炎帝、黄帝、少皞、颛顼。总之，"三皇五帝"讲的都是我国最古的圣贤帝王，在封建社会曾长期被视作神圣的经典之说，无人怀疑。20世纪20年代以来，以顾颉刚为首的古史辨派，用大胆的疑古精神和科学的历史演进方法，推翻了用"三皇五帝"传说构成的古史系统。顾颉刚以"层累地造成的中国古史"的观点，论证周人心目中最古的人是禹，孔子时变为尧、

▼ 黄帝陵

舜，到战国时就有黄帝和神农之说，到秦国有三皇，到汉以后有盘古等。他认为"盘古开天""三皇五帝"都是后人树起的偶像，原本并不存在。

作为历史，"三皇五帝"已失去意义，但作为有数千年之久的神话和传说，它在人们的民族意识和感情方面还有着巨大作用和影响。中国人有寻根习惯，公认民族始祖为黄帝和炎帝，并以此相互认同，维系着整个中华民族的内在情感。

根据"三皇五帝"传说，我国古代部族分三大集团：伏羲、女娲出于南方苗蛮；太皞、少皞出于东方夷人；黄帝、炎帝出于西北华夏。华夏集团后来控制了中原（包括关中和关东），成了中华民族的代表，所以炎黄时代就成了中国最早的传说历史，炎帝和黄帝也就成了中国人的始祖。西汉司马迁把黄帝列为五帝之首，视为古史传说中的最早圣王，流传两千年。

炎帝黄帝部族同是由西北少典氏与有蟜氏两个氏族联姻而分出的新氏族。炎帝称神农氏，部族居姜水，故姓姜。姜水是岐水的一段，而岐水出于岐山，即陕西岐山县东，流经武功县，注入渭河。与岐山邻县的宝鸡有姜城堡、清姜河和神农庙，并有仰韶文化遗址，说明原始时代确有人居住，很可能是炎帝部族的发祥地。此外，炎帝之后的姜姓部族的两个名人姜

中华文明发祥地

嫄和姜太公也出于关中西部。姜嫄是有邰氏女,而邰就在武功县境。姜太公发迹的磻溪水在宝鸡与岐山之交的渭水之南。这些足可证明炎帝出自陕西关中西部渭水上游。

黄帝部族居姬水,故姓姬。姬姓是关中古老的部族,是周人祖先,与姜姓世代联姻。黄帝死葬桥山,而桥山只有两处,一为陕西黄陵县,一为陕北子长县。作为姬姓最早的传说领袖,黄帝只能出自后世姬姓生存繁衍的关中或黄帝死葬之地陕北。由于他与黄土高原密不可分,所以司马迁说他有土德之瑞,故称黄帝。

▼ 杨凌后稷塑像

炎帝号神农氏,属农业部族。黄帝号有熊氏,而且有人说"黄"字本意是"兽皮",因此黄帝最早可能属游牧部族。但姬姓与姜姓联姻,学会了农耕,所以传说黄帝善种五谷,而且姬姓祖先弃又名后稷(稷是五谷的代称),是公认的农神。关中农村直到近世还习惯供奉一种有头无身的农神,叫"大头爷",也叫"后稷头"。这些表明炎帝、黄帝部族与我国最早原始农业发祥地——属于仰韶文化的西安半坡和宝鸡斗鸡台等地有一定渊源。

▲黄帝陵"人文初祖"殿

黄帝又叫轩辕，是居"轩辕之丘"，以地名为号的缘故。有人考证轩辕在阿尔泰语中为"可汗"之意，"轩辕之丘"必存西北。相传五千年前，天下混乱，战争不断。炎帝恃强侵凌诸侯，民愤很大，黄帝规劝不成，便与炎帝在阪泉（河北怀来）决战。经过三次大战，黄帝打败炎帝，统一了西北大部族，使自己更加强大无敌。西北炎帝部族与东南的九黎部族都比较强大，黄帝与炎帝联兵在涿鹿（河北涿鹿）与九黎首领蚩尤激战。黄帝不畏强悍，率领虎豹熊罴般的将士奋力向前，他的部将应龙更是勇猛非凡，经过殊死搏战，终于擒杀蚩尤。之后，黄帝大会诸侯于釜山（涿鹿西南）。他被诸侯尊为天子，成为中华民族公认的始祖。他为治理天下不断奔忙，东巡到海，南达长江，西至崆峒（甘肃），北征山戎，从未宁居过，最终奠定了中国的基本疆域。

黄帝以传说中的圣王身份，对我国上古文明的形成和发展做出应有的贡献，从而成为黄

中华文明发祥地

土地上最古老的文化象征。真实的历史中，与黄帝的传说同时代同地域的关中半坡和姜寨文化，恰恰产生了最早的农耕、房屋建筑、织布、制陶等生产技术，甚至可能创造了最早的文字。1986年陕西考古专家在关中发掘龙山文化晚期遗址时发现原始骨刻文字，形体结构与甲骨文近似。这些实物证明，在相当于黄帝的传说时代，或略晚一些的夏代初期，黄渭地区已经产生文字。

黄帝死葬桥山（陕西黄陵）。这里全是荒秃的黄土山峁，唯独桥山沮水环绕，松柏成林，郁郁参天，成为陕北高原上奇特的景观。桥山顶上的黄帝陵，古朴自然，如今，每逢清明，海内外赤子都怀着景仰和怀念之情，到此祭奠黄帝。认同黄帝，就意味着不忘中华。黄帝经历数千年的供奉和祀祭已升华为亿万中国人心目中的民族与历史的象征。

▼黄帝陵远眺

6. 陕西境内的仰韶文化和龙山文化

陕西境内泾渭流域有大量仰韶文化遗址，最著名的是西安半坡遗址。半坡遗址位于西安东郊浐河东岸，是1953~1954年发现的，面积5万平方米，距今五六千年，在全国已发现的1000多处仰韶文化遗址中最为典型和比较完整。

半坡文化的主要特点有四。一是锄耕农业及渔猎。这里出土大批石斧、石铲、石刀、箭头、网坠等磨制石器，并出土粟（谷子）和菜种（白菜、芥菜），还有猪、狗等家畜，表明半坡是我国最早的农业发源地。二是彩陶。半坡出土六座陶窑，是人类最早的陶窑。彩陶（包括黑、赭、白等色）烧制温度需要950度，可见半坡人的用火技术已相当高明。陶器有汲水器、炊器、食器、容器多种。最有意思的是小口宽腹尖底的汲水器，可利用重心下垂，能自动倾斜取水。陶器上有几何纹、涡纹、方格纹等细绳纹，以及各种神秘有趣的图案，包括人面、鹿、鱼等。这些最早的绘画可能意味着原始图腾崇拜。一些陶片上还有数十种刻画符号，有的学者认为是最早的文字。正因为彩陶有着丰富内涵，所以过去又把仰韶文化称为彩陶文化。三是村落建筑。半坡已发掘45座房屋遗址，密布在一起，有方形、圆形两种，多为半地穴式，也有少数地上房屋，是我国最早的土木建筑。

中华文明发祥地

四是婚姻及墓葬。半坡以族外婚为主，后期有对偶婚。半坡已发掘 250 多座墓葬。有仰身、俯身和屈身葬，也有身份特殊的二次葬（当肉体腐烂后，把骨骼叠放整齐再行埋葬）。不少墓中还有随葬品，表明半坡人已有灵魂不死的观念和社会身份的差异。有的学者认为半坡已开始向父系社会过渡。

1958 年建成了半坡博物馆，吸引着成千上万的人来参观游览。

陕西仰韶文化中比较有名的还有宝鸡北首岭遗址、长武县泾河畔下孟村遗址、西乡县泾洋河边的何家湾遗址、渭南史家遗址和临潼姜寨遗址等。其中 1972~1979 年发掘的姜寨遗址与半坡遗址不相上下，在上万件出土物品中，有最早的黄铜片和最早的石砚等绘画工具，姜

▼宝鸡北首岭遗址出土的船型彩陶壶

寨的彩陶符号也更有规则,更加显出原始文字的特征。值得注意的是,1982年发掘的何家湾遗址中,出土了一件迄今为止我国发现最早的骨雕人头像,是极为罕见的原始雕刻艺术珍品。

陕西境内的龙山文化遍布于渭河流域,上述姜寨遗址就包括龙山文化堆积层,但最具代表性的是长安客省庄遗址。此外,陕北神木县、绥德县也发现有龙山文化遗址。最近在渭北高原的三原县邵家河村亦发现龙山文化遗址,表明它在陕西分布很广。龙山文化本来以锄耕农业、黑陶和一夫一妻的个体家庭为主要特征,时间约为四五千年前。但陕西龙山文化还有一些独自的文化特征,以灰陶(烧制温度近千度)为主,黑陶甚少,最引人注目的是房屋建筑。客省庄二期文化有十座房屋遗址,都分内外两室,中间有通道,平面呈"吕"字形。陕北的房屋遗址也呈"吕"字形,还用石板铺地、料礓石粉抹墙,并建有我国最早的壁炉,房内还有红色圆形地面彩绘,可能是太阳神崇拜。

龙山文化是父系氏族时代,私有观念、贫富差异和社会等级都已产生,随之出现父权制和军事民主酋长制,原始社会开始走向解体。陕西龙山文化上限应与传说中的黄帝、炎帝相对应,下限应与夏文化和早周文化有直接的渊源关系。

中华文明发祥地

7. 关中得以重大开发的西周

在历史上，陕西得到重大开发应在周王朝建立以后。周王朝的建立者为武王姬发，姬姓部族本是中原的一个古老部落。其祖先据说是我国的农业之神"神农后稷"，这一部族一直活动在关中西部及陇东一带。三代以后，有个叫公刘的嫡孙将整个部族迁于豳（陕西彬县）。以后经公刘传九代至古公亶父，开始定居岐山之南的周原上，从此自称"周"，生产力得到了很大的发展。

古公亶父之孙姬昌，也就是后来的周文王，是一个具有眼光和很有魄力的政治家。那时段商正处于纣王统治时期，纣王专横放纵，不理朝政，国势江河日下。周文王内修政理，外结好诸侯，为便于发展，将国都迁于沣河西岸富饶的地带，在今西安市长安区一带建立沣京。并于公元前1027年灭商建周，将都城从沣河西岸又扩展到沣河东岸，在今西安市长安区建立镐京。从此，关中成为王畿，

▼长安张家坡 157号墓南墓道轮舆痕迹

也就成为全国政治发展的中心。

西周统治了250余年，关中是国都所在地，成为全国的中心，经济上得到重大发展，以青铜器为主的手工业处于全国领先地位，"陕西"作为地名也在此时产生。

8. 郑国渠

战国末年，秦国强大，东方六国早已望尘莫及。秦王嬴政气吞山河，横扫六合的气概使关东诸侯个个胆战心惊，特别是距秦国较近的韩国更感到危在旦夕。

为了消耗秦国人力物力，不能向东发兵，延缓韩国灭亡的命运，公元前246年，韩国派水利工程师郑国来到秦国，建议在关中地区的渭

▼郑国渠遗址

北平原开凿一条引泾注洛的水利工程。全长300余里，用以灌溉农田。秦王嬴政高兴地接受了这一建议，并派郑国主持此事，把大量的人力物力都投入这一工程。后来工程进展中，秦王发现了韩国的阴谋，要杀掉郑国，郑国对秦王说：这虽是我们韩国的"疲秦"之策，却为秦国造福万代！秦王嬴政觉得有理，就命令郑国继续督建这一工程。渠修成了，关中的盐卤之地，变成了沃土良田。为表彰郑国"为秦建万世之功"，命名此渠为"郑国渠"。

郑国渠是我国古代的一项著名水利工程。它起自陕西省泾阳县西北约25千米的谷口（当时称瓠口），这是泾河冲出群山进入平原的峡谷口，其西为九嵕山东麓，其东是仲山西麓。郑国选择这一有利地形，筑石堰坝，抬高水位，拦截泾水入渠东流。经今泾阳、三原、富平、蒲城诸县，最后由蒲城县东南的晋城入洛。利用

▼郑国渠

关中平原西北较高，东南略低的地理特点，使干渠沿北山脚下向东伸展，十分自然地把干渠布置在灌溉最高地带。这样，不仅最大限度地控制灌溉面积，而且形成了自流灌溉系统，为关中的粮食丰收提供了保障。全长约300里，灌溉面积约达400万亩。

郑国渠的开凿，改变了关中地区的面貌。关中地处我国西北东缘，雨量稀少，农业生产常受干旱的威胁。郑国渠对于农业灌溉和战胜干旱收到了巨大的效益，同时起到了改良土壤的作用。泾河水十分浑浊，且挟带含有丰富有机质的泥沙，用它灌溉，不仅增强了土壤肥力，还降低了耕作土层的盐碱含量。所以《史记·河渠书》说，郑国渠修成后，使关中地区"为沃野，无凶年"，为秦王政统一中国奠定了物质基础。

郑国渠自开凿以来，因泥沙淤积，使谷口渠首部位逐渐填高，因此，经历代不断改建和修治，渠首也就不断上移，但谷口以下的干渠渠道始终不变，这也为后世开凿泾惠渠提供了借鉴。

郑国渠在2000多年间，一直为关中的农业服务，使关中成为"天府之国"。

9. 秦人的崛起

周幽王是西周的最后一个统治者，他因烽火戏诸侯导致亡国。公元前770年平王东迁，沣、镐失去都城地位，西周也随之灭亡，中国历史进入春秋战国时期，这期间500余年，关中一直处于秦国统治下，因此关中古又称"秦中"、"秦川"。当时的陕北有白翟族，陕南归巴蜀统治。

　　秦人本属游牧民族，擅长养马，其祖先还做过周王朝的御马官。秦人在陕西共建立过三个都城，雍都为第一个都城，位于今陕西凤翔县附近。它南临渭水，东西有漆、汧二水，又是当时控扼关陇巴蜀的交通枢纽，春秋时秦穆公据此建立了霸业，成为"春秋五霸"之一。

　　公元前383年，秦献公迁都栎阳，栎阳只是秦国的一个过渡性都城，没过多久，秦孝公又迁都咸阳，从此咸阳成为秦国的首都，直到统一全国。秦孝公在位24年，他重用商鞅，实行变法，加速了秦国的封建化进程，使秦国逐渐强盛起来，奠定了统一六国的基础。

　　公元前246年，秦王嬴政在咸阳即王位，前后用了十年时间灭掉六国，建立了中国历史上第一个中央集权制的封建国家。关中，特别是咸阳，成了统一全国的指挥中心。建都后，秦始皇在咸阳实行了一整套统一措施，实行郡县制,统一货币、度量衡,统一文字、律令,车轨同制,修筑以咸阳为中心,东达齐、鲁、燕、赵,南至吴、楚,北达九原的道路,构成以咸阳为中心的交通网。从此咸阳成为全国政治、经济、军事、文化、交通的中心,也是当时全国人口最多的城市。据统计已达七八十万之多,而在当时全国也只有约2000万人。

10. 汉代的发展

秦始皇在咸阳建立起来的封建王朝历时并不长,到秦二世统治时期已是危机四伏,不久便灭亡了,代之而起的是汉王朝。

汉王朝的建立者名叫刘邦,他出生于今江苏丰县,秦时做过泗水亭长,起兵于沛(今江苏沛县)。在打败西楚霸王项羽以后,为定都何处很伤了一阵脑筋。后来他听从了谋臣娄敬与张良的建议,仍定都关中,城址就选在了今天的西安市,时称长安。由于刘邦实行郡国制,今天的陕北主要归当时的上郡、北地郡、西河郡管辖,陕南在那时大致划为汉中郡、武都郡和弘农郡的一部分。

汉王朝分西汉与东汉两个阶段,东汉已迁都洛阳,西汉大致存在将近200年,由于西汉王朝是我国封建经济发展的一个高峰期,统治时间较长，并又作为全国的中心，重大的政治、经济政策主要在长安决定，也首先在此实施，因此当时长安的发展就成了汉王朝兴盛的一个缩影。

　　大量的历史文献记载及考古发掘都证实，当时的关中地区无论是农业、手工业及商业、交通都处于全国首位。那时，铁制农具与牛耕在关中一带已普遍使用。有个叫赵过的农业家还发明了一种名叫"代田法"的农业技术，从西汉初年到汉武帝时，粮食生产逐年上升，民不乏食，首都长安已建成全国商业的中心，也是通商西域的枢纽，著名的丝绸之路就是以长安为起点。当时长安城的规模比罗马城大三倍，成为世界最大的城市之一。人口密度达到每平方千米近80人，拥挤、繁荣、富庶成为当时长安的代名词。

11. 关中六渠

关中六渠是指汉武帝时期开凿的漕渠、龙首渠、六辅渠、白渠、灵轵渠和成国渠六条关中主要水利设施。关中是京师所在地，早在秦代，就已建成郑国渠，到西汉武帝年间，国家富强，为了进一步强化王朝的统治，巩固和发展京师实力，于是在关中大兴水利工程。

公元前129年,大司农郑当时建议,命齐国水工徐伯勘察设计,从长安城引渭水,开凿一条沿南山走向与渭水相平行的漕渠,三年建成。据考察,漕渠由今西安西北郊的鱼王村附近引渭水,流经长安城北,切穿龙首原北麓东行,从袁雒村横绝灞河,经今临潼、渭南北,沿二华夹漕至华阴北今三河口以西注入渭河。漕渠的兴修,是为了输送关东粮食于京师。原来漕运溯渭水而上,但渭水沙多,流量变化无常,河水蜿蜒曲折,由长安至黄河长900里,航运需时6月。漕渠道直,长300里,3月可达,时间节省一半。渠口附近建京师仓,亦称华仓,遗址在今华阴东北10千米处的砲峪北面。这里出土大批西汉瓦当,中有"京师仓当""华仓"等字样,证明为华仓所在地。仓库宏大,周围有城墙卫护,仓内有通风的防潮设施,每年由关东运来

▼ 关中六渠示意图

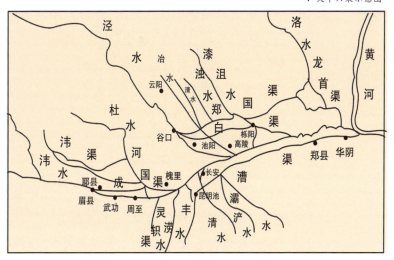

中华文明发祥地

关中的漕粮在 400 万石上下。漕渠除运粮外，下游可供灌溉，民田受益面积达万余顷。

继后又修建龙首渠。由庄熊罴建言开凿。当时临晋(今大荔县)重泉以东有万顷盐碱地，百姓希望开渠灌溉提高产量。西汉政府于公元前 122 年至公元前 105 年发动万余人，自征县(今澄城县)引洛水开渠。渠道中间横亘着一座 10 余里的商颜山(今铁镰山)，土质疏松，渠深岸高，容易塌方，因此采用井渠法开凿。这种开渠技术，类似现代的隧洞竖井施工法。井下相通，井深往往达 40 余丈。渠水从十几里长的地下水道流过。开渠时，获龙骨(恐龙类化石)，所以叫"龙首渠"，后来此法传之西域，即今之"坎儿井"。龙首渠虽基本建成但未能发挥效益。

公元前 111 年，左内史儿宽奏请，在秦郑国渠上游无法灌溉的高亢地区，增修六条辅助渠道，下接郑国渠，叫"六辅渠"也称"辅渠"或"六渠"。大约是引用附近小河如冶峪、清峪两河的邢堰而建成的。它的建成，对发展郑国渠上游地区的农业十分有利。

成效最显著的要算白渠，它是由赵中大夫白公(史逸其名)于公元前 95 年建议开凿的，"白渠"之名因此而得。渠道从谷口(今泾阳县)引泾水东南流，经今泾阳、三原、高陵等县，至栎阳(今临潼栎阳东北)，东抵下邽(今渭南东北）注入渭河。渠长200里，灌溉农田4500余顷（合今40多万亩），收成大大增加。百姓作歌赞颂道："田于何所？池阳、谷口。郑国在前，白渠起后。举臿为云，决渠为雨。泾水一石，其泥数斗。且溉且粪，长我禾黍。衣食京师，亿万之口。"班固也在《西都赋》中以"郑白之沃，衣食之原"来颂扬二渠之功。

至于成国渠、灵轵渠，都是引渭工程。成国渠由今眉县东北向，流注上林苑蒙茏渠（上林苑渠道），大体与今渭惠渠一致，灌溉今眉县、扶风、武功、兴平一带农田。灵轵渠起于周至灵轵原下，灌溉今周至、户县一带。这两渠灌田都在万顷左右。

六渠的兴修，对关中地区的灌溉和航运，起了重大的作用，大大促进了农业的发展，一定程度上满足了长安粮食的需求。汉王朝的巩固和兴盛，与此有密切关系。

12. 董卓之乱

东汉镇压了黄巾农民起义后，统治集团内部矛盾迅速激化。189年，灵帝逝世，少帝刘辩继位，大权在何太后及大将军何进的手里。何进杀了宦官蹇硕，进一步图谋清除长期左右政局的宦官势力，密召并州牧董卓入京。不料

中华文明发祥地

宦官张让、段珪等先发制人，杀死何进，接着中军校尉袁绍等率禁军反攻，大杀宦官，老少长幼被杀达2000多人，东汉宦官专权的局面宣告结束。就在这时，董卓领兵抵达洛阳。

董卓，字仲颖，陇西临洮(甘肃岷县)豪族。桓帝末年，以六郡良家子为羽林郎，由于参与镇压西羌起义和黄巾起义拥有不少羌汉兵力，升为并州(今山西)牧。董卓怀有野心，驻军河东，坐以待变。恰巧接到何进密召，正中下怀。他乘乱进京，拥兵擅权，尽揽朝政，胁迫太后，废少帝辩，立陈留王协为帝，是为汉献帝。他自称相国，专横跋扈，纵放兵士劫掠财物，残杀无辜，盗取皇帝陵墓，废五铢钱，另铸小钱，致使物价上涨，米价一石竟达数万文。各地诸侯推袁绍为盟主，群起讨伐董卓。190年，关东联军从三面包围洛阳，董卓下令放火焚烧洛阳宫庙、官府，挟汉献帝西迁长安，同时强迫洛阳200里之内的数百万人西迁。

董卓抵长安，自封太师，重用兄弟子侄和董氏家族。又在眉县建坞(今陕西眉县东)，号称"万岁坞"。眉坞城墙高与长安相当，内存粮食可供30年吃用。他自夸地说："事成，雄踞天下；不成，就守此城也可终其天年。"董卓残忍成性，一次设宴请客，当场惨杀北地降人几百人，或割掉舌头，或斩断手脚，或挖掉眼睛，或放进油锅。赴宴的人个个战栗不止，连手中的筷子都失落了，而董卓却饮食自若。将军中如有言语失常的，立即就地正法。关中大族，往往以叛逆罪遭杀害，冤死的以千计。

司徒王允联络以勇武著称的董卓部将吕布，密谋诛杀董卓。192年吕布派同郡骑都尉等，领亲兵十多人，乔扮卫士守卫北掖门。董卓马惊，畏惧不行，打算返还，吕布极力劝进。行至掖门时，卫士执戟刺杀。董卓臂部受伤，大叫："吕布安在？"布亮出诏书说："有诏讨贼！"董卓被杀，陈尸街衢，家族尽灭。长安城内顿时一片欢腾，士女出卖自己的珠玉、衣物，置办酒肉，相互庆贺。董卓死后，在眉坞搜出藏金达二三万斤，银八九万斤，绸缎奇玩堆积如山。

但董卓部将李榷、郭汜等以复仇为名，攻入长安，杀王允，赶走吕布，纵兵劫掠屠杀，接着又相互猜疑，以至互相攻击。长安城内"死者狼藉"，原有数十万人口，此时竟然"城空四十余日"。以后"二三年间，关中无复人迹"。长安毁灭，关中残破，汉献帝东逃回洛阳，后被曹操迎到许都（今河南许昌），东汉名存实亡。

13. 兵灾屡兴的南北朝

诸葛亮（181～234年），字孔明，琅琊阳都(今山东沂南)人，人称"卧龙"，是我国古代著名的政治家。治理蜀国时，重视发展水利，奖励农耕，组织人力在成都西北郊修筑了"诸葛堤"。他鼓励少数民族人民栽桑养蚕、缫丝织绸，亲自把蜀锦的图案纹样，送给少数民族人民，还让会织锦的士兵向他们传授织锦技术。西南少数民族称蜀锦为"诸葛锦"。

陕西是中华民族开发最早的地区，也是一个多灾多难、屡遭摧残的地域。当某个帝王看中了这块富饶的土地的时候，他们不惜劳民伤财，大建宫室，把它装扮成富丽堂皇的华丽帝都。当他们的子孙不能尽守"家业"，引来更多争权夺利者的时候，这里立刻变成烽火连天的战场。秦始皇砍光巴蜀山间的林木，建造起来的阿房宫被项羽一把大火烧了足足3个月，华丽帝宫毁于一炬！西汉灭亡以后，刘秀建起了东汉统治王朝，迁都洛阳。由于连年战争，关中和长安遭受了严重的破坏，人口大量减少，不及西汉的五分之一。东汉末年，凉州军阀董卓专擅朝权，又挟持汉献帝返都长安，没过多久，帝王都成了杀人场，格斗持续数月，死亡万人，白骨蔽野，街头萧条，城空40余日。以后二三年间，关中都少有人迹。一直到南北朝时期，长安虽又先后成为前赵、前秦、后秦、西魏、北周的都城，又有过小规模的修复，但终无大的改观，所以隋朝建立以后不得不另建大兴城。

这一时期的关中作为王畿之时。陕北地区也因之得利，统治者为了保证长安的安宁，不断徙民充实上郡、北地一带，人口不断增加，上郡地区人口最多时达60余万人，军事防御能力不断加强。

自从东汉后，关中、长安失去全国中心地位，戍边实力也大减，北方的匈奴、鲜卑等民族纷纷南下，尤其是魏晋时期，陕北的很多地区被匈奴、鲜卑所占据，并相继建立起了一些少数民族政权，成为历史上所谓的东晋十六国时期。

而陕南则相反，关中战乱，民多南迁，人口反而有所增加，经济上得到发展。1700多年前的三国时，刘备就以川蜀、汉中为根据地建立了蜀汉政权。今天的勉县还有诸葛亮屯兵的阳平关石马城，勉县赤崖还有蜀汉的军资库呢。诸葛亮受封武乡侯，封邑即在汉中市武乡镇，可以想见，当时汉中的富庶程度。

▼汉中武侯墓

中华文明发祥地

14. 隋唐王畿

南北朝以后,代之而起的为隋统一封建王朝,隋文帝杨坚再次定鼎关中,将都城建立于今西安市的龙首原上,名叫大兴城。隋经二世而亡,唐代统治者继续以此为都,更名大兴城为长安城。唐代是我国封建经济发展的最高峰,也是陕西经济社会高度发展的一个重要阶段。

当时的唐长安城是世界上最大的都会,周长36.7千米,面积达84平方千米,集中国古代建筑之精华,庄严、肃穆,把中国古代都城建设推向了一个新高峰。据考察测定,明、清两代的北京城都无法与长安城相比,可见其规模。

由于唐朝是我国封建时代的顶峰,也是世界上先进的国度。当时唐长安与世界上300多个国家和地区建立了联系,旅居此地的客人非常多,日本、朝鲜也不断派来学习人员及"遣唐使",日本的平城京就是模仿唐长安城而建的。

当时陕西由于处于王畿地带,农业、手工业、商业都处在全国领先地位。农业高度发展,在贞观年间就已达到"米斗不过三四钱"了,京都不断出现国中巨富,商业贸易以长安为起点形成"丝绸之路"的中心。千年古都至此走到了它的鼎盛时期。由于封建经济的发展,国家首都的所在,人口逐年增长,到高宗时期就已出现首都供应不足的问题，高宗、武则天不得不经常率领百官去洛阳"就食"。宋朝以后，京都不断向南、向东迁徙，从此，陕西失去了全国政治、经济中心的有利地位，发展也相对缓慢下来。

15. 韩建缩城

唐末，朱温胁迫唐昭宗东迁洛阳，将长安城的宫室庐舍全部拆毁，收取木材，运到洛阳，长安城两代帝都，两百年的繁华，化为丘墟。

唐昭宗东迁以后，长安设佑国军，由韩建任节度使，他在废墟之上又缩小建置，建立新城，历史上叫"韩建缩城"。改造后的长安城已缩小了许多，仅相当于过去长安皇城大小，这

▼西安的西门本是唐皇城西面中门，唐末韩建缩建新城时被保留下来。明代扩建城墙时位置略向南移，取名安定门。

中华文明发祥地

种建置一直持续到元朝末期。

960年，宋太祖赵匡胤建国，他十分留恋千年古都的风采，本来还想将都城迁回长安，然而这只不过是个幻想而已。宋代自建国以后就没有太平过，北方的契丹、女真族纷纷崛起。宋朝统治者无力抵抗其他民族的侵扰，陕西尤其是陕北很大程度上是被西夏、辽、金所控制着，关中一带大受牵制。在这种情况下，长安的丝绸之路断绝了，京畿王城也由对外交流的中心变成了对西北用兵的战略后方。

北宋初年，陕西曾设陕西路，这是陕西首次作为行政区划出现在典籍当中，后又改为永兴路、河东路、秦凤路、京西南路，一部分还为西夏所占领。北宋灭亡以后，关中落入金朝的手中，秦岭作为宋、金对峙的分水岭，陕西更成为双方的主要战场，战争后的疮痍使千年古都更加难以恢复，从此，"秦中自古帝王都"不复存在了。随着南方经济的发展，国家的重心也不断转移到东部，陕西彻头彻尾变成了古都。

16. 从京兆府到奉元路

如果说宋初的统治者还存有将国都西迁的幻想，那么到1271年元朝建立以后，这种幻想就彻底破灭了。宋太宗太平兴国年间就将陕西路改为京兆府。元朝建立以后，随着国土的日益扩大，统治中心也渐渐转移，将宋代的京兆府改为安西路，成为陕西行省的治所。

陕西行省的辖境非常大，包括今天的陕西、内蒙古的鄂尔多斯地区、甘肃黄河以东地区、四川西部大渡河流域。辖境的扩大加重了安西路府的地位，所以这时的安西路城已成为元朝在中国西部的统治中心。加上元朝实现大一统后，通往西域的交通又活跃起来，这一切都促进了古城的复兴。经济的发展大大超过宋金时期，以至于来自欧洲商业中心威尼斯的旅行家马可·波罗也对安西路城的"工商繁荣"极为称道。这时的安西路城当然无法恢复以往帝国首都的宏伟气势，但与前相比则要繁荣、热闹得多了。

到元朝中叶时，由于安西王在皇位争夺中被杀，安西路受此牵连，被改为奉元路，元朝中央政府对此控制进一步加强，但作为西北重镇以及元统治者控制西北、西南的大本营，它仍保持着繁荣与发展的优势。

17. 明代的秦王府

明朝时期，分全国为13个承宣布政使司，陕西属"陕西等处承宣布政使司"，下设西安府、凤翔府、延安府、汉中府、兴安州。但是，实际管理权是操纵在分封的藩王手中。

朱元璋建国以后，一面杀功臣，废除丞相，加强封建专制皇权的权力，一面却把他的龙子龙孙们分封到全国各地，建藩为王，企图以此屏藩皇室，确保朱家江山永固。陕西是明代封王建藩的主要地区之一。整个明代先后封了50个藩府，陕西布政使司境内有7个，其中3个封在今陕西省境内。即秦王封于西安、郑王封于凤翔、瑞王封于汉中。其中秦王在明代藩王中具有特殊地位。

第一代秦王是朱元璋的嫡二子，在藩王中排行最高，封藩也最早。朱元璋非常看中秦中一带，他认为"天下山川，惟秦中号为险固"，是古代帝王建都立国之地，因此将其次子封于此，坐镇西安。1369年，也就是明洪武二年，改

▼明西安府城图

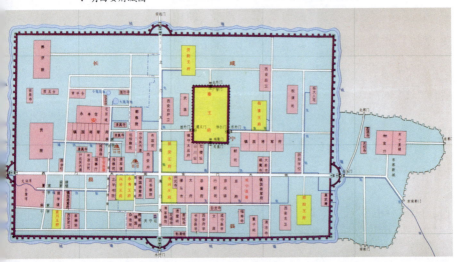

奉元路为西安府，"西安"的名字第一次出现在中国历史上。

▲ 秦王府府门铜狮，现存西安碑林博物馆。

明代是唐朝以后长安城发展的又一个鼎盛时期。长安城自五代韩建缩城之后，一直维持着唐皇城范围大小，狭窄拥挤，破败不堪。明朝政府建藩以后先后3次扩修长安城，除将原城墙增高加固外，又将城区面积扩大了80%以上，至今城墙保存完好，人们仍可目睹当时西安城的风采。

然而由于藩王府的建立，也加重了对老百姓的盘剥，以秦王府为例，到明朝末期，宗室人员已达万余，他们每日消耗着巨额的禄米俸银，霸占着无数的庄园田产，成为吸取陕西人民膏血的寄生虫。最终造成了明末李自成、张献忠领导的农民大起义，推翻了明王朝的腐朽统治。

18. 清代陕甘分治

如果说自从北宋初年设立陕西路，"陕西"正式成为一级行政区以来，历经宋、金、元、明四朝以至清初，"陕西"的概念一直包括今天的潼关以西、黄河的甘（肃）青（海）段以东的整个地区。在整个宋元明阶段，陕（西）甘（肃）一直是不分的，而甘肃行省在当时只是管理河西地区而已。

那么近代陕西省辖区是从什么时候开始的呢？这就要追溯到清初了。1663年清廷将陕西布政使司一分为二，右布政使移驻巩昌，管辖河西之地及临洮、巩昌、庆阳、平凉四府；左布政使仍驻西安，管理西安、延安、凤翔、汉中四府及兴安州，形成一省两治的局面。过了四年，也就是1667年，陕西右布政使司改为巩昌布政使司，左布政使司改为陕西布政使司。两年后巩昌布政使司移驻兰州，专称甘肃布政使司，通称甘肃省。从此陕甘分治形成。经过宋元明清四朝，历史上与陕西联系密切的甘肃分出去了，而历史上与陕西一直不相属的汉江流域的汉中、安康地区逐渐归属陕西，近代陕西省的疆域固定下来，直到今天。

19. 陕西的洋教案

天主教传入中国是随着帝国主义的入侵带来的结果，同时随着不平等条约的签订，洋教也成了他们扩大势力范围，作威作福的工具。义和团运动爆发以后，陕西渭南、延安、靖边、定边、宁强等县也相继发生了反洋教斗争。燕子砭教案、三边教案是其中规模较大的两次反教会斗争。

燕子砭属宁强县，位于嘉陵江畔。三边指陕西省北部的靖边、定边两县及定边县属的安边堡一带。这两地的天主教堂都是在清朝光绪年间建立的，到光绪末年时，已发展成势力较大的两处教堂区。这些教区里的教甫强占民田，奸淫妇女，私设法庭，随意捕拿刑讯群众。1898年6月，忍无可忍的群众联合起来，杀死教甫郭西德，处决了他的帮凶李大银等六人，这就是"燕子砭"教案。

第二年7月，三边人民联合义和团、蒙古兵攻打三边教堂，打死外国传教士一人，教民五六人，击伤多人，又发生了"三边教案"。

这两起教案给外国传教士以沉重的打击，但陕西人民也付出了沉重的代价。外国人借教案大做文章，威胁清朝政府签订和约，前后赔偿白银近20万两，三边地区汉民还失去了原教堂边墙外的民土地6480平方千米。自此以后，三边人民为收回失地不断斗争，直到1946年三边解放，教会势力被撵走，才收回了这块土地。

20. 慈禧太后逃难西安

八国联军1900年8月，进抵北京，慈禧太后携光绪皇帝仓皇西逃，于10月26日抵达西安。

本来慈禧是被外国侵略者的大炮打到西安的，然而这位享受惯了的太后却仍然不愿放弃安逸、奢华的生活。她到西安前，西安地方官吏已为她赶修了一座豪华的行宫，结果她见到后仍觉太小，改住抚署。在西安期间，仅他们一天御膳费用就达200两白银。西安夏季炎热，没有存冰，便让地方官派老百姓用大车从百里以外的太白山拉冰。慈禧在西安驻跸一年，耗资达1000多两白银。

陕西为了支应慈禧的巨大开支及各种活动，特设支应局。支应局从1900年8月至1901年8月，一年开支达60万两，这对于陕西人民该是多么大的负担啊！当局为支付这笔庞大的开支，更加紧了对人民的掠夺，迫使农民大量破产，饥

▼慈禧太后

民每天聚于西安城者达数十万人，食人之事时有发生。1901年春夏间，关中饥民成群结队，纷纷向富豪之家就食，称为"吃大户"，遭到官吏的强行镇压，斗争一直持续发展。而慈禧回京时却满载而归，金银、绸缎、古董、玩器300辆车还装载不下。

21. 同盟会陕西分会成立

以孙中山为首的中国同盟会1905年秋在日本东京成立了。陕西最早的同盟会会员名叫井勿幕。井勿幕出生于陕西蒲城一个破落地主兼商业资本家家庭，后去四川读书。1903年冬自费赴日本留学。在日本期间，他参加了同盟会，并被孙中山任命为同盟会陕西支部长。

1905年冬，奉孙中山之命，井勿幕返回陕西进行革命活动。他前后走遍西安及渭北10余县，不到一年便吸收了30多人参加同盟会。1906年春，在三原县北极宫成立了同盟会陕西支部。1908年冬又在西安成立了同盟会陕西分会，选李仲特为会长。在成立组织的同时，他们还创办了《秦陇》等杂志，宣传革命，积极开展工作，建立革命据点，并在新军中发展会员，为新军起义、光复陕西做出了重要贡献。

1911年，陕西同盟会员发展到近千人，在组织上、思想上都进一步完善和成熟起来。当时全国形势急剧发展,特别是受四川保路运动的影响,大大加速了陕西革命的爆发。1911年10月10日,武昌起义爆发。10月22日,陕西革命党人领导新军在西安起义响应。起义军先占领了城内的军装局,获得了大量枪械子弹,接着控制了城内的制高点——鼓楼,到23日下午3时,便攻占了整个西安城,西安全部光复。

10月24日,省城初定,各方起义将领在军装局开会,组织临时司令部,确定革命军称"秦陇复汉军"。派遣各学堂学员回各州县,宣传革命,组织民团,收复地方。27日,陕西军政府宣告成立,推举新军中一个叫张凤翔的同盟会成员为秦陇复汉军大统领。十日之间,关中、陕北、陕南莫不义旗高举,全省很快光复了。

▼ 西安鼓楼

22. 革命最终流产了

西安光复是靠新军中的中、下级军官仓促起义得来的,在此前夕,井勿幕等同盟会中坚人物正分散在各地发动群众准备起义。由于事发匆忙,新军中的革命党左派感到势单力孤,左右不了形势发展,这样,一些资产阶级右派、旧官僚乘机夺取了政权,推举右倾的会员张凤翙为大统领,建立临时政府,反而将井勿幕等革命元勋排挤在外。为了巩固自身的权位,他们不惜牺牲人民群众用血的代价换回的革命果实。袁世凯上台以后,张凤翙等开始向北洋军阀妥协,调转枪口镇压革命,杀害革命党人,许多首义功臣没死在革命战争当中,反而倒在了妥协分子的枪下。

尽管张凤翙百般取媚讨好袁世凯,但袁世凯为当大总统,实行独裁政治,对其仍不放心,极力谋求以北洋嫡系势力取代张凤翙在陕西的督军地位。1914年春,袁世凯派陆建章为"剿匪"总司令,率军入陕,将张凤翙调入北京,给以"扬威将军"空衔,闲住京城。从此陕西成为北洋军阀直接控制的地盘,陕西的辛亥革命完全流产了。陕西人民又开始了反对北洋军阀黑暗统治的斗争。

秦中自古帝王都

1. 在陕西建都的王朝

多少个朝代在西安建都,历来说法不一。目前,普遍认可的观点是13朝,即西周、秦、西汉、新莽、东汉末年、西晋末年、前赵、前秦、后秦、西魏、北周、隋、唐。此外,还有10朝说、11朝说、12朝说、14朝说、16朝说、17朝说等。

持10朝说依照时间次序为: 西周、秦、西汉、前赵、前秦、后秦、西魏、北周、隋、唐。

持11朝观点的人认为,在10朝的基础上加上王莽建立的新朝。

持12朝观点的人增加了西晋,晋愍帝于建兴元年在长安正式宣布即位。这个王朝虽然只持续了4年,但西晋在西安建都的事实却是确实的。

持13朝观点的人在肯定12朝的同时,又增加了东汉。东汉最后一个皇帝汉献帝于初平元年,被董卓挟持,迁都于长安。直到初平三年,董卓被杀,献帝才离开长安,建都3年。

持14朝观点的人,有两种说法:其一,在13朝的基础上加上大夏王朝;其二,在13朝基础上加上武则天建立的武周。大夏王朝在今天陕西境内存在,都城在统万城(陕西榆林靖边县)。

持16朝说的在13朝的基础上加上西汉末年由刘玄建立的更始政权、由樊崇刘盆子建立的赤眉政权和黄巢建立的大齐政权。

持 17 朝说的分两种：其一，在 14 朝第一种情形的基础上加上武周、大齐和李自成建立的大顺；其二，在 13 朝的基础上加上更始政权、赤眉政权、大齐和大顺四个农民起义所建政权。

2. 最早的都城丰镐二京

丰、镐是西周都城所在地，位于西安市长安区沣河两岸。

西周王朝诞生于武功，后迁到邠（今陕西彬县、长武、淳化一带），再迁到岐山周原一带，最后以西安丰、镐为都城，完成了灭商的宏伟大业。

公元前 11 世纪，周文王姬昌为了进一步向东发展的需要，将国都迁徙到了西安的西南，在沣河以西建立了国都丰京，武王姬发灭商后，又在沣河以东建立了国都镐京。在西周 250 多年中，文王邑丰，武王都镐，丰、镐始终是周人的政治中心，也是中国历史上在陕西第一次出现的全国性都城。

丰京遗址在客省庄、马王村和新旺村一带，发现有大量建筑群遗址，且发现有一套完整的地下排水管道。中心区为最大的夯土建筑基址，坐北向南，东西长 61.5 米，南北最大进深 35.5 米，总面积 1826.8 平方米。

镐京遗址在斗门镇花园村、普渡村至落水村、眉乌岭一带的高冈地带。发现有大型宫室遗址，平面呈"工"字形，中央主体建筑南北长59米，东西宽23米，南北还有规模相当的对称分布的两组附属建筑群。

在丰镐遗址上还发现数以百计的西周墓葬和车马坑。1957年，在张家坡发现殉葬车马坑共4座。其中保存较完整的一座内部有驾四马作战用的戎车和驾二马乘坐用的辂车各一辆，戎车驾马全部以青铜作饰，辂车驾马大都用海贝装饰，工艺考究，造型精美。遗址中还发现有许多窖藏，出土器具100余件，其铭文记载了周王朝的一些史实。这里的发现不仅具有极高的艺术价值，而且对探讨西周的社会经

▼ 丰镐遗址

济结构以及当时的生产生活情况具有极高的学术价值。从发掘出来的车马及装饰品来看，三千年前的金属工、木工、皮革等手工业已相当发达。

丰镐遗址是研究西周历史的重要实物资料。正是在这里，周王朝完成对商王朝的征伐，也是西周王朝最强盛的时期。武王姬发经牧野之战，纣自焚，商灭亡。武王回师镐京，正式建立了西周王朝。武王在灭商后的第二年病死，其子成王继位。由于成王年幼，武王弟周公旦摄政，引起了"三监"（武王之弟管叔鲜、蔡叔度、霍叔处）的不满，他们与纣子武庚及商朝在东方的残余势力联合起来，发动叛乱。在这种情况下，周公毅然率兵东征，经三年苦战，平定了叛乱。周公东征之后，完善了西周的政治制度。通过分封制、宗法制和礼乐制度，加强了王权，形成了"普天之下，莫非王土。率土之滨，莫非王臣"的局面。

▼ 西周 祖乙尊

3. 秦都咸阳

咸阳因位于九嵕山之南、渭水之北而得名，山南水北皆为阳，故名咸阳。咸阳作为秦的都城时间长达144年，咸阳在秦的都城发展以至中国古代都城发展中具有举足轻重的地位。

秦都咸阳的规模，传统的观点认为位于当时的渭河以北，实质上惠文王以后，秦的咸阳都城已不再局限于渭河以北地区，开始向渭河以南发展，在渭河南修建了兴乐宫、甘泉宫、信宫、诸庙、章台、上林苑等建筑，成为都城的一部分。北至泾水，南到终南山，大体可分为渭北宫室和渭南宫室两大部分。

经过考古工作者的钻探、试掘，基本上可以确定秦都咸阳渭北的范围，西起石桥乡的何家、杨村，东至红旗乡的柏家嘴，东西长24千米，渭北咸阳城的南部由于渭水的北移冲毁了一部分，北边到泾水。

咸阳宫是秦都咸阳的主要宫殿之一，应是一个宫殿建筑群，也是秦都咸阳修筑的最早的宫殿。秦的许多重大事件发生在这里，重大的议事、朝会活动都在此举行，也是项羽入关后首先烧掉的宫殿。其遗址即考古工作者发现的1、2、3号等宫殿遗址。

1号宫殿遗址位于窑店乡牛羊村北原上，发掘前夯土台东西长60米，南北宽45米，高出地面6米,揭露面积3100平方米,通过对揭露出的遗迹现场进行复原研究,发现这是一座以平面呈长方曲尺形的多层夯土高台为基础,凭台重叠高起的楼阁建筑。台顶中部有两层楼堂构成的主体宫室,四周布置有上下不同层次的其他较小的宫室,底层建筑和周围有回廊环绕。其特点为把各种不同用途的宫室集中到一个空间范围内,结构相当紧凑,布局高下错落,主次分明,在使用和外观上都收到较好的效果。

这是一座战国以来盛行的高台建筑,夯土土质纯净、坚硬。夯土台的顶部是主体殿堂,有盥洗沐浴用房和居室。台基下部的南、西、北三面都有回廊及散水遗迹。台基上下分别发现了4个排水池和7个窖穴。

各室之间用回廊连接,东北角为曲尺形回

▼秦咸阳宫遗址

廊，回廊外有散水。主体建筑遗址上，发现各种各样的建筑材料和构件。从该建筑地平的水平测量来看，在50米距离范围内标高误差不超过1厘米，即相对误差控制在2‰范围内，表现了古代人民高超的工程技术水平。

2号宫殿遗址位于1号遗址的西北，仍是以夯土台为基的大型台榭建筑，且规模更大。地基采用纯净的黄褐色土夯打而成，层次清晰，有宫室5处，3处位于夯台顶部，属台上建筑，现存部分柱洞和室内地面残迹。有两座宫室位于夯台东半部北侧的底层，保存较好。

围绕高台建筑的底部有依台修筑的一周回廊，其中东廊、南廊、北廊保存较好，西廊较差。在2号遗址发现竖管18个，分布于回廊和庭院地面，推测是用来插放旗杆的。同样发现了许多建筑构件。壁画发现于回廊地面堆积中，均属残块，计350余件，最大者31厘米×17厘米，能识别马、凤羽、枝叶、蔓草等。

从2号遗址发掘情况来看，仍是以土木构架为主要结构形式的多层台榭建筑。以台上的宫殿为主体，辅以依台壁修建的一圈回廊和服务于宫室的东西对称的两处廊下盥洗室。

3号宫殿遗址位于1号遗址的西南，相距近百米，据钻探得知，3号遗址东北角与1号遗址西南角有建筑相连，也位于夯土台基上，遗址东西长约117米，南北宽约60米，清理了遗址西部一部分,发现两条廊道,两座屋宇。

3号宫殿遗址最大的收获是于廊东西坎墙墙壁上出土了大量壁画,有车马出行图、仪仗图、建筑图、麦穗图等。车马图每间2~3组不等,每组四马一车,共7套车马,马有枣红色、黑色、黄色3种,皆作奔腾状。仪仗图现存人物11个,均残缺,分上下两列,人物着长袍。建筑图有南、北二楼,均为二层,每楼南北两端各一角楼,北楼北端角楼共四层,人字形顶。全长32.4米的画廊,主题突出,并辅以松柏等植物及各种几何纹或其他图案衬托,构图新颖多变,设色浓淡相间,古朴美观。

秦咸阳宫在秦代绘画和建筑史上均具有重要意义:一则填补了秦代绘画的空白;二则证实了史书中关于秦汉时期建筑中有壁画的记载。

在咸阳都城的渭河以北,还有冀阙、仿六国宫室、兰池宫、望夷宫等宫殿。秦都咸阳最早的宫观是"冀阙",是秦孝公迁都咸阳之前由商鞅监修,仿照鲁国和卫国的建筑形式,类似于门的建筑,用来发号施令,与观的作用相同,"阙,观也。周置两观以表宫门,其上可居,登之可以远观,故谓之观,人臣将朝,至此则思其所阙"。冀阙实质上应为宫殿的门楼,是秦定都咸阳以后的第一个建筑。

咸阳渭河以南地区是周王朝的建都之地,

开发程度高。章台是秦都咸阳在渭河南岸的主要宫室建筑之一，历史上著名的完璧归赵的故事就发生于此。章台被作为秦国的象征，"苏秦说楚威王曰：今欲西面而事秦，则诸侯莫不西面而朝于章台之下矣"。说明章台在当时的作用很大。

现在的未央宫前殿台基南北长350米，东西宽200米，考古工作者曾在前殿遗址的汉代建筑之下发现有叠压的战国时代秦砖、瓦及瓦当等遗物，当为秦章台的建筑构件。秦章台正是利用龙首原北坡的地理形势建造而成的高大建筑物，章台应是未央宫前殿遗址。

兴乐宫是秦在渭河南修建的宫殿群。战国后期的秦国，由于国力强大、人口增多，咸阳宫显然太小，于是便在咸阳宫南的渭河南建筑宫殿。如大夏殿，还有鱼池台、酒池台，同时还筑有鸿台，高达40丈，台上建有楼观屋宇，秦始皇常在此射落大雁，因以为名。

秦都咸阳是由一个庞大的建筑群组成的，目前已探出的咸阳宫殿均建在高大的夯土台上，建筑都非常壮观雄伟。主体殿堂采用"四阿重屋"的样式，室内外装修华丽、富贵典雅。都城中设备应有尽有，既有供皇帝国王办公的朝宫及休息的寝宫、后妃居住的宫室等，又有皇帝沐浴的浴室，均设施精良。

在咸阳的周围发现了不少秦手工业作坊

遗址，绝大部分在秦咸阳宫的西部和西南部，在这里发现了许多陶窑，附近有数以百计的水井和多处地下排水道，还发现了不少铜器、铁器窖藏。都城手工业主要包括冶铜、铸铁和宫廷建筑材料制造。

4. 汉长安城

汉都长安遗址，位于今西安城西北10千米处。

长安作为西汉王朝的都城是汉高祖刘邦接受了娄敬、张良建议才初步营建的。长安的名称起源很早，原是秦咸阳郊外一个乡村的名字。刘邦在这里建宫殿，公元前198年长乐、未央宫建成。惠帝刘盈又三次征发长安附近600里内男女及诸侯王和列侯徒隶建筑城墙。由于城墙建于长乐、未央二宫以后，北面又靠近渭水，所以城的走向大受限制，除东城墙为直线外，南、西、北城都有多处曲折，西北角向东北斜行。这种不规则的方形，南呈南斗形，北象北斗状，因而人称"斗城"。现在经过实测，汉长安四面城墙总长约2.57万米，合汉代65里，与史书记载相符，全城总面积36平方千米。城墙全属板筑，夯土墙，层次清晰，坚固异常。高约12米以上，下宽12~16米，今残垣犹存，蜿蜒起伏，若断若续，有的残壁保留有10米高。

　　城墙四周各有3座城门，共有城门12座。每座城门各有3个门洞，宽约6米。其中4座城门与皇宫衔接，8座与城内干道相通，城内有"八街、九陌、三宫、九府、三庙、九市、十六桥"。大街宽45米左右，每条大街有道路3条，可容12辆车并行，中为皇帝专行驰道，连皇太子也不敢横过，两边道路才许臣民行走。路旁植槐、榆、杨、柏，林木茂盛，蔽日成荫。

　　城内中、南部为宫殿、官署和高官显贵的居住区，约占全城面积2/3以上。长乐宫在东南，是在秦的兴乐宫基础上修葺而成的，由前殿、宣德殿等14座宫殿台阁组成，刘邦在此召见大臣，以后供太后居住。未央宫位于城的西南隅，有台殿43座。其中以正殿前殿最为雄

▼汉长安城遗址

中华文明发祥地

伟,建于地势最高的龙首原之上,东西50丈,高35丈,殿上饰以金玉,门、窗、柱、栏、橡、柱石、殿阶都经过精雕彩绘,庄严华丽,气势磅礴,雄伟异常。西汉重要朝会,都在此举行。

除了帝王处理朝政和寝居宴游的场所之外,未央宫中还有两个专门藏书的地方,一个叫石渠阁,一个叫天禄阁,收藏着刘邦入关后收缴的秦朝旧藏图书典籍和其他图书,是一处皇家图书馆。到了汉武帝时大兴土木,在未央宫的北面增修了高祖草创其制的北宫,另外又修建了桂宫,在长乐宫北面兴建了明光宫。这些宫室也都是一组建筑群,范围虽然不及长乐、未央二宫,但也都很大,如桂宫和北宫都是周40余里。这样一来,长安城垣之内,就大半都为宫室占去了,剩下的其他一般生活区只有很小一部分。由于城内狭促难容,汉武帝还在城西修建了规模宏大的建章宫,把城市建设扩展到了城垣之外。新建的建章宫比高踞龙首原上的未央宫还要高大雄伟,正门西南,以玉石装砌,号称"玉璧门",也叫阊阖,意指"天门"。入内为金碧辉煌的玉堂殿,台级为玉石砌成,屋顶竖立黄金涂饰的铜凤凰,下置转枢,随风若翔。其西侧为唐中殿,能容纳万人。还有专为陈列异域奉献之奇珍异宝的奇华殿。宫内建太液池,池中有"瀛洲、蓬莱、方丈"三山,象征东海中的天仙胜境。武帝还在长乐宫以北修明光宫，未央宫以北建桂宫，又增修北宫。各宫间都有复道相连。未央与建章二宫有跨越城垣的飞阁，供皇帝贵族往来。

当时长安城中有闾里160处，布局严整。商业区主要分布在城的东部和西部，共有9个市场，6市在道西，3市在道东。可见繁荣隆盛的情景了。城内有户8.08万，人口约在50万左右。

武帝还扩建了皇家狩猎花园上林苑（原在城西及西南郊），北自渭河，南及秦岭，东抵蓝田，西达周至，周回400余里，苑中栽植各种奇花异木，名果鲜品，并饲养走兽奇禽，供皇帝游幸和猎取。又在苑内开凿昆明池（今长安区斗门镇东南），方圆40里，池中还建有巍峨壮丽的豫章台（昆明台）。

自西汉以后，宫室屋宇大都毁于兵火，特别是东汉末年董卓之乱，造成空前浩劫。城内居民或死或逃，几年之间，"无复人迹"。以后前赵、前秦、后秦、西魏、北周五个小朝廷虽在这里建都，但远非昔日繁荣昌盛的景象可比。

5. 统万城

统万城位于靖边县城北58千米处的红墩界乡白城子村，是东晋时南匈奴贵族赫连勃勃建立的大夏国都城遗址，也是匈奴族在人类历史长河中于中原留下的唯一一座都城遗址，已有近1600年历史。因其城墙为白色，当地人称白城子；又因系赫连勃勃所建，故又称为赫连城。

统万城始建于413年，竣工于418年，由汉奢延城改筑而成。后来在北魏太武皇帝拓跋焘一统北方期间，统万城被攻克，从此设置为统万军镇。赫连勃勃兴建都城时，认为统万城是水草丰美、山川秀丽、气候宜人的优美之地，对这个地方曾大加赞赏。407年，匈奴首领赫连勃勃称"天王，大单于"，雄踞朔漠。凤翔元年（413年）赫连勃勃驱役各族人民十万人，采用"蒸土筑城"法在朔方水（今红柳河）之北黑水之南营建都城，取名"统万城"，寓"统一天下，居临万郡"之意。据史料记载：筑城的土都经

过蒸熟。筑成后用铁锥刺土法检验其硬度，凡刺进一寸，便杀筑者；凡刺不进去便杀刺者。城坚硬可以磨刀斧。宫内楼台高大，殿阁宏伟，装饰土木，极其侈丽。赫连勃勃是个残暴的君王，在筑城过程中至少杀民工、匠人数千人。这座城历时6年建成，城基厚25米，城高23.33米，宽11.16米。

统万城由外廓城和内城组成，内城又分为东城和西城两部分，遗址分东西两城。由东向西依次为外廓城、东城和西城。外廓城平面呈长方形，周长约4700米。东西城中间由一道墙分开，东城周长2566米，西城周长2470米。东西城的四隅都有突出城外的平面呈长方形或正方形墩台，皆高于城垣，西南隅墩台高达40余米，现存城垣高出地面约1~10米。统万城城

▼统万城遗址全景

垣有四门,东门名招魏,南门名朝宋,西门名服凉,北门名平朔。城墙高10仞,基厚20步,上宽10步,东西长倍于南北,周长约18里。城内复有皇城,内营造有亭台楼阁,雕梁画栋,富丽堂皇。东城系后建,西城为当时的内城,四面各开一门,城垣外侧建"马面",四隅角楼的台基加宽。城内中部偏南有一长方形宫殿建筑台基,附近出土有花纹方砖。外廓城南北垣情况不详,东西垣相距5千米,但遗迹遗物很少。

统万城具有极其重要的历史研究价值和人文旅游价值。它的发现,为研究十六国时期的文化以及当地的生态环境变迁,提供了重要的实物资料。1992年统万城遗址被公布为省级重点文物保护单位,1996年统万城被列为国家重点文物保护单位。

6. 隋大兴城

隋唐统一,结束长期分裂动乱之后,开皇二年下诏修建一座新的都城。隋的新都就选在汉长安城龙首原的南侧,这里地形开阔高爽,从南山引水方便,足以兴建一座大的都邑。

开皇三年三月,隋文帝迁入新都。由于隋文帝在北周时曾受封为大兴郡公,所以就把新都命名为大兴城。

大兴城的建设是由太子左庶子宇文恺完全按照预先的总体规划设计主持施工的。宇文恺是一位十分杰出的建筑设计家，他把城市平面布局规划得十分规整。整个城市由外郭城、宫城和皇城三部分构成。

▲ 隋大兴城图

外郭城形状近方形，东西宽度略大于南北长度，周长35.5千米。南、东、西三面各开三门，至唐相承未改；北面二门，都在宫城西侧。城内靠北墙中央为宫城，其南为皇城，其余部分共有14条东西向街道和11条南北向街道，把外郭城分成了排列规整的坊市，以全城南北中轴线朱雀大街(正对皇城正门朱雀门)为界，两侧相互对称。全城共有109坊，朱雀街西为55坊，朱雀街东因为在城东南角被曲江池占去了一坊地，所以比街西少了一坊，只有54坊。此外，在朱雀街东西两侧还各用两坊地面积修筑了东市和西市，是两大集中商业贸易区。坊市四面有围墙，通过固定的坊市门出入。实际上每个坊都是一个被圈起来的居住区。

▲ 曲江池遗址

宫城是皇帝寝居和处理朝政的场所,内部分为三大部分。中间供皇帝寝居临朝,东面是皇太子寝居的东宫,西面是普通宫女居住的掖庭宫。

皇城在宫城的南面,是朝廷各个部门的办公地。除个别部门外,几乎全部政府机构都集中在这里。此外,祖庙和社稷坛也按照"左祖右社"的传统分别设置在皇城南垣内的东西两侧。

为了解决宫廷和城内居民的生活用水,以及园林绿化用水,宇文恺在大兴城中还设计了永安渠、清明渠、龙首渠和曲江池几条水渠,流贯外郭城、皇城、宫城和城北的禁苑。曲江池本来是一处天然水泊,秦汉时即已辟为游赏胜地,宇文恺进一步疏凿整治,使其占去整个城内地势最高的东南隅的一坊地,一方面作为水库，调剂城内供水，一方面也为城市开辟了一块风景区，并在这里修建了离宫别馆，供帝王权贵们游赏。

7. 唐长安城

隋末李渊在太原起兵后，首先直取都城大兴，建立唐朝。随即定都于此，更名为长安城。李渊攻克大兴城时很顺利，对城市没有造成太大破坏，所以唐初长安城内的建置基本上仍为前朝旧规，到唐太宗时，长安城才陆续发生了一些较大的变化。

首先是兴建大明宫。大明宫是从太宗贞观八年开始兴建的，当时规模不大，位置在宫城东侧的北郭墙外。这里地当龙首原上，高爽

▼唐麟德殿遗址

中华文明发祥地

清凉，可以弥补城内宫城地势比较低下的缺憾。高宗龙朔二年，又进一步扩建大明宫，使之与原来的宫城范围不相上下，而建筑气魄之宏伟则超过了原来的宫城。所以唐代从高宗以后除玄宗以外的历朝皇帝，都是以大明宫为主要宫寝的，只是在举行一些特殊的重大典礼时才按照礼制到原来的宫城中去走过场。

唐长安城的第二大变化是唐玄宗修建兴庆宫。唐玄宗李隆基原来居住在长安城东垣下的隆庆坊，登基即位后避讳改为兴庆坊。开元二年又改建为兴庆宫。兴庆宫最初只占有原兴庆坊一坊之地，到开元十四年时，又向外扩展，侵占了北面永嘉坊的一半和西面胜业坊的一部分。唐玄宗从开元十六年以后，基本上在兴庆宫中寝处。不过兴庆宫只是兴盛于玄宗一朝，以后就冷落了下去。兴庆宫内有引龙首渠水汇注而成的龙池，池东有著名的沉香亭，就是相传唐玄宗和杨贵妃赏

▼唐兴庆宫沉香亭

花的地方。

唐代是我国佛道两教都比较兴盛的时期，因而长安城中建有100多所寺院道观。这些寺观大多都散布在各坊中，占去了很大面积，一些大的寺观甚至占整个一坊。长安城中虽然寺观林立，但对城市建筑景观的影响却并不太大。因为当时寺观的建筑和布局与达官贵人们的住宅并没有多大差别，长安城中的许多寺观就是由官吏们舍宅改作的。体现寺观建筑特色的主要是佛寺中的塔。保存至今的慈恩寺塔（大雁塔）和荐福寺塔（小雁塔）都是当时的著名佛塔。

隋大兴城和唐长安城的规划和建筑，充分体现了封建社会兴盛时期的宏大气魄，它的形制不仅对后世有着深远影响，而且在当时就已被隋唐王朝周边的一些地方政权和域外邻国所仿效。如渤海国上京城和日本的平城京、平安京都是模仿隋大兴城和唐长安城而建造的。

8. 明清西安城

徐达、常遇春攻下陕西后，明朝即于1369年（明洪武二年）改陕西行省为陕西布政使司，改奉元路为西安府。从这时起，古城便有了西安这一沿用至今的名称。自韩建缩城之

中华文明发祥地

▲ 西安南门箭楼

后萧条不堪的古城，经过宋、金、元三代艰难而缓慢的恢复，到明清两代又有了新的发展。

明代西安城最大的变化，便是自韩建以来首次扩展了城郭范围。宋、金、元三代，尤其是元代奉元路城虽然渐趋繁华，但城区一直限于韩建缩城后的范围，即唐长安皇城的范围内。皇城原来不过是唐代中央行政机关的所在，作为中国西北的中心城市来说自然是太狭小了。何况明代在西安封藩秦王，城内大片地区被划为"王城"——元代虽也在这里封有安西王，但王府不在城里——原有城区就更嫌狭窄。于是都督濮英于1374~1378年间主持扩建了西安城垣。除西、南两面城墙在韩建时的基础上增高加固之外，东、北两面城墙都在原城郭之外新建，从而使西安城的长、宽均比元代奉元路城扩展了近30%，城区面积则扩大了80%以上。

明中叶隆庆年间,陕西巡抚张祉又兴工加固城垣,在城墙表面加砌一层青砖。明末崇祯年间的陕西巡抚孙传庭则加修了四座关城。由于西南二墙仍元代之旧,所以今天西安城西南城角仍保留着元代的外突圆角,而其余三个城角都是明代按中原传统习惯改建的方角。

西安城是目前我国一座规模最大的保存完好的古代城垣。它周长近13.7千米,东西长约3.4千米,南北宽约2.6千米,城内面积达8.8平方千米。城墙高12米,顶宽12~14米,底厚15~18米,厚度超过高度是这座古城墙的特征。在明代它共开四门,即长乐门(东门)、安定门(西门)、永宁门(南门)、安远门(北门),还有4座角台,98座敌台,5984个垛口。城门、角台与敌台上建有高大的城楼、角楼与敌楼,城外掘有宽广的护城河。整座城池气势雄伟而又戒备森严,体现了封建社会晚期中国大区中心城市的典型风貌。

明初还修建了现今西安城内两座最醒目的古建筑——钟楼与鼓楼。鼓楼于1380年在元代敬时楼的旧址上建成,钟楼于1384年在元代钟楼旧址上复建的,1582年又从广济街东面的原址移建于东西南北四门中轴线的交点上,形成了以钟楼为中心与四门城楼遥相呼应的和谐的整体美。当然,明代西安城内最壮丽的建筑还是那雄踞于东城的秦王府,可惜它已毁于

▲ 西安钟楼

明清之际的战火。

清代西安的变化是满城的建立。满城建立在明代秦王府的"王城"与"宫城"原址上，但范围比明代王宫二城更大，其西墙从钟楼北延至北门东侧，南墙从钟楼东筑至东门南侧，东北二面直抵西安城垣。它不仅占去全城 1/3 以上的面积，而且连西安城的东门与钟楼门洞也被包在里面，成了它的两个城门。剩下的城区就比韩建缩城时大不了多少了，而且连东去的唯一城门也被堵塞。这显然对西安城与外界的经济交流和工商业的发展、城市的繁荣都造成不利的影响。直到辛亥革命，这座满城才被摧毁。

中华文明发祥地

历史悠久名胜多

1. 人文初祖轩辕陵

黄帝陵又称桥陵,坐落于黄陵县桥山之巅,这是人文初祖轩辕黄帝兴起的地方。大约5000年前,轩辕黄帝做了姬姓部落的首领,也称有熊氏。他率领他的部落以陕西北部的黄土高原为基地,开创大业,战败中原各部族,从而成为雄踞中原的部落联盟首领,创立了华夏民族的远古文明,为神州大地成为在世界上与古埃及、巴比伦、印度共享盛名的历史悠久的文明古国奠定了基础。

黄帝陵占地约4平方千米,墓冢高达3.6米,周长48米,陵前有碑,上刻"桥山龙驭"四个大字。碑前有祭亭,亭内石碑上铭刻有郭沫若的手迹"黄帝陵"。祭亭前有土丘,高10余米,据说是汉武帝巡游朔方来此祭陵时所筑,后人立碑称为"汉武仙台"。

黄帝陵左前侧山脚下有黄帝

▼ 黄帝陵古柏

中华文明发祥地

中国的医药学起源较早，最早的药物学专著即冠以神农的名字，称《神农本草经》，是世界上最早的药物学专著，为秦汉时期的人所写，作者已无从考证。目前原书已散失，但由于它的内容经常被后代的本草书籍所转引，因此　得以保存下来。现传《神农本草经》有明代卢夏和清代过孟起、孙星衍、顾观光以及日本人森立之等的辑佚本。

庙。庙里大殿内有历代祭文和记述修葺的碑石50余通。庙内有一奇柏，树干上下都似有断钉在内，瘢痕密布，纵横成行，排列有序，据传为汉武帝挂铠甲于其上所致，俗称"挂甲柏"。最牵动人心的是那在10余株古柏簇拥下的"轩辕柏"。它经历五千年风霜雨露，阅尽世道沧桑，至今仍雄劲苍翠，巍然屹立。树高约19米，最粗处周围达10米，传为轩辕黄帝手植，被外国学者称为"世界柏树之父"。

黄帝陵不仅是一处值得人们拜祭的人文景观，同时也是一处风景秀丽的自然景观。桥山山清水秀，山水环抱，山上古柏参天。每年清明节前后，海内外炎黄子孙都要来此举行公祭活动，历朝历代的朝廷、政府也都来此扫墓、修葺，深切缅怀人文初祖的赫赫功绩，表达爱我中华、振兴中华的赤子之情。

2. 炎帝故乡在宝鸡

炎帝，后世尊称他为"神农"。在我国历史上实在可以称得上是一位神奇而且富有智慧的人物。传说，他是我国农耕文化的创始人。始作耒耜，教民耕种；遍尝百草，为民疗疾；结麻做布，护身御寒；烧土制陶，添制器皿；日中为市，互易互利……为中华民族的繁衍昌盛做出了不可磨灭的贡献。因此,他与黄帝轩辕氏一道,被尊为中华民族的始祖,世代受到人们的敬仰与纪念。

据传炎帝神农氏系姜姓部落的首领,他生于蒙峪,长于姜水,沐浴于九龙泉,此三地都在宝鸡渭河南岸一带,是现在宝鸡市渭滨区益门乡辖区内三个相邻的自然村。

炎帝刚刚来到人世间的时候,大地上的人类已生育繁衍得很多,自然界的食物供应已远不足供给人类。为了解决这一难题,这位仁爱之神绞尽脑汁,发明耒耜,教民种植五谷,使人们过上了耕种熟食的日子,为此,他也被人们尊为"农业之神"。可是,人吃五谷杂粮时生疾病,看到人类遭受着疾病的折磨,炎帝非常痛心,于是他进入天台山,采集草药,亲尝百草,

▼宝鸡炎帝祠

中华文明发祥地

为民疗疾。据传，他为能够辨明百草的品味，一天中毒十几次，最后，在天台山误尝了断肠草，肠子顿时腐烂，一时无药可解，终于死在了天台山。至今天台山尚有"神农祠"，是后人为了祭奠这位爱民如子，造福人类的神人而建造的。

3. 世界第八大奇迹

秦始皇陵兵马俑坑位于临潼区晏寨乡，是秦始皇陵墓的陪葬俑坑，也是世界上最大的陵墓陪葬坑，被誉为"世界第八大奇迹"。

秦始皇陵兵马俑坑由三处俑坑组成，中间的最大，两边还有两个较小的俑坑，分别呈曲尺形和凹字形，构成了三者位置大致呈品字形的排列，犹如一方战阵。经考古分析，这三个

▼秦俑博物馆全景

▲ 秦俑 1 号坑军阵
全景

俑坑似为一个统一的整体。中间最大的为1号俑坑，占地1.4万多平方米，呈长方形，大致容纳6000余兵俑，目前已发掘整理出1000余件，似为战阵的第一前锋；形似曲尺形的为2号俑坑，似为一个由骑兵、战车、步兵组成的多种混合部队；3号俑坑形如凹字形，为统率部指挥机关。

从俑坑出土的陶俑身高多为 1.78 米至 1.9 米之间，战车结构精细，现已出土100余辆，战马多为1.5米高，2米长，共400余匹，兵器10万余件。这一规模宏大的历史发现再现了秦代军士的风采，武士俑一个个形象逼真，神采各异，充分体现了秦代劳动人民的聪明才智。而那些排列有序，纵横成行的整齐的队伍，再现了秦军威武雄壮、无坚不摧的气概。

为了妥善保护这批珍贵的文物，有计划地

中华文明发祥地

进行科学发掘、修复、研究和陈列展出,在秦俑发掘现场建起了中国最大的遗址博物馆——秦始皇兵马俑博物馆。在1号坑上修建了现代化的大型展厅,另有陈列室展出俑坑出土的各种文物。2号和3号坑展厅也相继开放,每天都吸引着大量的国内外游客。

4. 道教圣地楼观台

坐落于秦岭终南山北麓中部周至县的楼观台,南依秦岭,千峰耸翠,犹如重重楼台相映,是我国道教最早最重要的一个圣地。传说道教的创始人老子在此修炼、得道并讲经布道,以道德五千言传授弟子。楼观台本名草楼观,又名紫云楼,因为唐代统治者将老子奉为自己的祖先,又曾改名为宗圣宫、宗圣观。后

▼楼观台

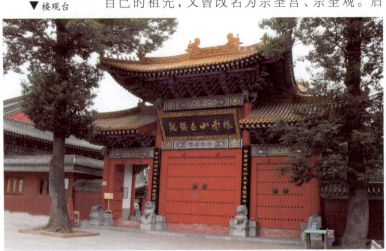

▲ 楼观台老子像

人因其说经台犹如竹海松林中浮起的方舟，故习惯将其称为楼观台。

人说楼观创始于西周，鼎盛于唐，于宋金时期衰落，毁灭于宋末。而现存楼观的核心景观"说经台"建在海拔五百多米的山岗上，"说经台"与土坎相连，面对如画般的秦川渭水，宋代诗人苏轼在游览此景时吟有一句"此台一览秦川小"。现存"说经台"始建于唐武德二年（619年），蒙古太宗八年（1236年）重修扩建，明清两朝在此基础上还有修葺。楼观台坐北朝南，中轴线上自南向北为山门、老山门、灵宫殿、启玄殿、斗姥殿、救苦殿、后山门，中轴线两旁有配殿、厢房、碑厅，均为明清风格。

沿着说经台南边的卵石道一路南行，穿越翠竹林海，拾级而上，松林尽处位于海拔约950米的地方，则是翠薇峰。这座山峰，峰巅有高炉，炉旁古庙可北望秦川和如棋盘般的阡陌交

中华文明发祥地

通，便是世传老子的炼丹炉所在地。相传炼丹炉有两座，上为金炉，下为银炉，均为老君炼丹的八卦炉。如今峰巅可见之炉，系明代所建，砖砌炉灶形建筑。坐北向南，南面辟砖拱券门，砖砌穹隆顶。炉内原有老君石像，后来遗失不见。

除此之外，楼观台还收藏有关于道教的历代碑碣和雕铸器、历代名人题写诗词一百余首以及世代传唱的道教音乐。楼观台现存古碑碣七十八通，珍贵的有唐欧阳询书《大唐宗圣观记》、戴汲隶书《灵应颂》、宋苏轼游楼观题字石刻、薛绍彭楷书诗词、吴琚行书《天下第一福地》、元赵孟𫖯书《上善池》以及清李熙筠楷书《洞天福地》。道教经典碑，现存正书《道经》《德经》两通和篆书《古老子》碑两通。两组碑内容相同，但碑文词句、字数稍有差异。前者刻于唐代，后者刻于元至元二十八年（公元1291年），均立于老子祠碑厅内。

因为这些道教景观的存在，楼观台每年吸引了大批道教信徒来此参拜。研习道家经典之余，行走于竹林夹道中，下闻溪水淙淙，石间游鱼忽来忽往，满目苍翠，森林公园般的景观也别有一番乐趣。

5. 密宗祖庭大兴善寺

隋唐时代,长安佛教盛行。不仅有玄奘、义净等高僧西行求取佛法,也有自印度来长安传教及游学的僧侣。这些印度僧侣在长安城内翻译佛经,传授密宗,大兴善寺就是当时这些僧侣们聚集在一起研习讨论佛经的一大重要场所,也是当时长安城三大译经场之一。

位于西安城南的大兴善寺始建于晋武帝司马炎泰始至泰康年间(265~289年),原名陟岵寺,是西安现存历史最为悠久的佛寺之一。该寺得名于隋文帝时期。开皇年间,隋文帝扩建西安城为大兴城,为向其岳父北周明帝宇文毓尽孝,将陟岵寺一并迁往大兴城。这座寺庙

▼ 大兴善寺

占据城内靖善坊一坊之地，因此该寺取城市名"大兴"和坊名"善"字，从此以后大兴善寺的名号一直流传至今。隋文帝将大兴善寺命为国寺，任其布衣之交灵藏住持寺庙。开皇七年（587年）又召慧远、慧藏、僧休、宝镇、洪遵、昙迁等"六大德"入京，令其为国行道，一同前来的还有僧众300余人。其后，寺内还开设有译经场，国外传法的高僧如那连提黎耶舍、阇那崛多、达摩笈多等人都曾在寺内翻译佛经，总共译经59部，278卷。唐玄宗时期，又有僧人善无畏、金刚智、不空等人先后在大兴善寺传授佛教密宗教义，尤其以不空广传法戒，并译成密严仁王等经70部而闻名，不空和尚也因此成为著名的密宗大师，而本寺也与青龙寺并称密教中心道场。

唐武宗会昌年间（841~846年），皇帝大举灭佛，全国四千余座寺庙被拆毁，大兴善寺亦难逃劫难。以后经过数次修复，重修了方丈、殿堂、钟楼、鼓楼和山门等。现存寺院沿中轴线排列自正南向正北依次有天王殿和大雄宝殿。进入山门后，迎面可见的是金刚殿，东西两侧为钟、鼓楼，经过草坪便可来到唐代转轮藏经殿遗址，绕过遗址可进入后殿，院内有千手千眼观音和东西禅院。原本各殿堂中均安置有铜铸佛像，宋代檀雕观音像以及诸多珍贵的碑拓字画等，然而历经数千年无数次浩劫，这些珍品早已不存在，我们只能依稀凭借庭院里仍然葱郁的翠柏和飘香的寒梅来遥想当年佛教兴盛时殿宇内雕梁画栋、金碧辉煌的盛景！

6. 唐太宗昭陵

昭陵是唐太宗李世民的陵墓。位于西安西北礼泉县境内。

李世民是唐开国皇帝李渊的次子，在起兵反隋和建立唐朝的征战中立有大功，起到了重要的作用，被封为秦王，后发动玄武门兵变，得为太子，继帝位。其统治时间长达26年，实行了一系列的改革措施，社会经济得到长足的发展，被史学家誉为"贞观之治"。

昭陵是在李世民做皇帝的第十个年头上开始修建的，首开我国唐代"以山为陵"的先例。陪葬、从葬的皇亲国戚、文武大臣墓葬

▼唐乾陵图（见《长安志图》）

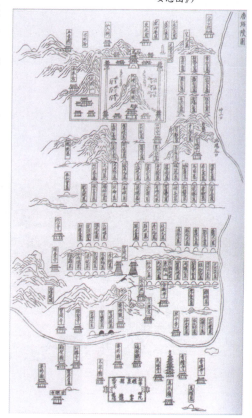

200多座，是我国帝王陵园中面积最大，陪葬墓最多的一座陵园。

昭陵工程极为浩繁，历时13年之久，墓中建置"闲丽不异人间"，陪葬稀世珍品不计其数。而昭陵最为著名的莫过于"六骏""碑刻"与"十四王宾雕像"了。

本来昭陵原有地面建筑分三大部分，南有献殿，北有祭坛，西南有陵下宫，都相当雄伟高大，至今已毁失殆尽。昭陵六骏就在北祭坛内，所谓六骏就是李世民生前在开国战争中所骑并立过功勋的六匹战马，分别名"什伐赤""青骓""白蹄乌""特勒骠""飒露紫"和"拳毛䯄"。贞观十年，唐太宗命当时著名的画家阎立德与阎立本兄弟两人将其绘成图形，雕成浮雕立于墓侧，它是中世纪雕塑艺术的珍品。这六匹

▼昭陵

骏马中的"拳毛騧""飒露紫"于1914年经文物贩子盗卖给美国人，现藏于美国宾夕法尼亚大学博物馆，其余四骏现藏于西安碑林博物馆。

祭坛区内另立有少数民族王宾圆雕拱立像14座，都是唐朝贞观年间来朝的诸王宾雕像，连座约9尺许，前人记"高逾常形，皆深眼大鼻"，刻有名字。清朝乾隆以后屡遭毁损，现在仅剩数石。

昭陵陵园地面原来还竖着神道碑约80多通。千余年来，几经自然、人为毁坏，到新中国成立时，仅存22通。后又陆续出土了一些碑石、墓志，共约47通，陈列在昭陵博物馆内，形成"昭陵碑林"。如今昭陵已建立起"昭陵博物馆"，陈列了大量珍贵文物，均极有价值。

7. 唐高宗、武则天乾陵

乾陵是唐高宗与武则天的合葬陵墓，也是世界上唯一的一座两位皇帝的合葬陵，位于今天的陕西省乾县城北6千米的梁山上，距西安有80千米。如果说昭陵以陪葬墓多而著称的话，那么乾陵则主要以其石刻艺术精湛闻名于世。

乾陵的范围很广，周围达45千米，本来地面上的建筑物很多，当初仅房舍就有378间，分内外两重城墙，它是最接近于长安城建置的一座陵墓了。乾陵的石刻目前保留下来的大致有：朱雀门（南门）外，从南向北有华表、飞马、朱雀（鸵鸟）各1对，石马5对，石人10对。西门外还有石狮1对，北门外有石马3对。另外，在朱雀门外两侧还有两座石碑，即所谓的"七节碑"与"无字碑"。"七节碑"又名"述圣纪碑"，碑共7节，上层为房盖，上刻有武则天所撰，唐中宗手书，颂扬唐高宗文治武功的文字，共8000余字，高达6.3米。"无字碑"在右侧，高、长都与"七节碑"相同，碑额刻有8条螭首相交，两侧刻有线雕大龙云纹。"无字碑"一字未刻，至今尚是一谜。有人说是武则天标榜自己"功高德大"，无法用笔力来描述，也有人说是武则天故意立此，千秋功过，任后人评价。

▼ 无字碑

两碑的北边还有著名的"六十一番酋"石像（现存60个），据载，他们都是当时我国西南一带的各国首领，葬高宗时来参加葬礼。武后为纪念此事，刻石立像，以志

▲ 乾陵

其功。

　　乾陵附近还有陪葬墓 17 座。新中国成立后先后发掘了永泰公主、章怀太子、懿德太子墓，并在永泰公主墓地建立了"乾陵博物馆"，供游人参观。

8. 大雁塔与慈恩寺

在所有关于陕西的资料中，无论电影电视还是照片画册，大雁塔的身影总在其中。作为一座独具特色的标志性建筑，大雁塔坐落于西安南郊的大慈恩寺内。

　　提到中国佛教的传播与发展，不得不说大慈恩寺。慈恩寺是唐代长安三大译经场之一，也是中国佛教法相唯识宗的祖庭。其始建于

中华文明发祥地

▲ 大雁塔

隋代,原名无漏寺。至唐贞观二十二年(648年),唐太子李治为了追念其母文德皇后,将该寺扩建为大慈恩寺,感念其母恩德,以"思报昊天,追崇福业"。当时寺内重楼复殿,共有13座庭院,房屋1897间,其间壁画环绕,均为名画家阎立本、吴道子、尉迟乙僧等作,甚为壮观。大慈恩寺建成后,唐太宗令玄奘法师自弘福寺移至慈恩寺主持寺务,并为他修建译经院,聘请国内高僧和学者,专门服务于其继续翻译佛典的工作。贞观二十二年十二月戊辰,唐太宗为玄奘专门举行了隆重的入寺升座仪式,太子李治在文武百官的陪同下前往大慈恩寺礼佛,会见"五十大德",讲述其建寺原因。此后一千多年来,慈恩寺成为佛教人士敬仰朝拜的重要圣地。

玄奘是中国历史上最著名的高僧,俗姓陈,河南偃师人。他是佛教一大宗派——法相宗的创始人，自贞观三年（629年）游学印度求取法经，于贞观十九年（645年）携带657部佛经归国，并翻译佛经共74部，1335卷。玄奘法师还撰写了著名的《大唐西域记》一书，讲述印度及其途经各地山川、城邑、人文、物产情况，成为后人研究我国西部及中亚、印度等地历史、地理的重要资料。

永徽三年（652年），玄奘法师上书唐高宗，为保护657部梵文佛经以及从印度供奉回国的佛像、舍利，欲在慈恩寺西院建一座五层砖塔。根据《天竺记》记载的古代印度人埋雁造塔的传说和在印度所瞻仰的雁塔，玄奘为其也取名作雁塔。后区别于荐福寺小雁塔，人称大雁塔。

大雁塔方形塔基，砖面土心，不可攀登，每层皆存舍利，最上层以石为室，藏经像。塔最

▼ 大雁塔南广场前的玄奘像

中华文明发祥地

▲ 慈恩寺

下层南外壁有两块碑，左侧为唐太宗所撰《大唐三藏圣教序》，右侧为唐高宗所撰《述三藏圣教序记》，两碑皆为褚遂良书写。玄奘法师亲自主持建塔，历时两年建成。后因砖表土心，风雨剥蚀，五十余年后塔身逐渐塌损。唐武则天长安年间（701~704年），武则天及王公贵族施钱在原址上新建七层青砖塔，高64米，呈方椎体，是典型的楼阁式建筑。唐末以后，慈恩寺屡遭兵火，殿宇焚毁，唯大雁塔独存，成为印度佛教东传至我国融入汉文化的典型物证。

大慈恩寺与曲江、杏园相连，自唐中宗年间，凡新科进士及第必聚集曲江、杏园参加国宴，然后登临大雁塔并题名塔壁留念。当年27岁写下"慈恩塔下题名处，十七人中最少年"的春风得意翩翩少年早已不在，但是大雁塔仍一如当年屹立千年，不断见证西安古城沧桑巨变和荣辱兴衰。

9. 小雁塔与荐福寺

在西安，还有另一座著名的佛塔与大雁塔遥相呼应，那就是位于荐福寺内玲珑秀丽的小雁塔。清代关中八景之一的"雁塔晨钟"就来源于此。虽不及大雁塔规模宏大，小雁塔却因其环境清幽成为古城别有韵味的一道风景。

荐福寺始建于唐睿宗文明元年（684年）。唐高宗李治去世后百日，文武百官欲为其献福而兴建了这座寺院，最初取名为"献福寺"，武则天天授元年（690年）改名为"荐福寺"。寺庙位于唐长安城开化坊南半部，唐末因遭兵祸破

▼ 荐福寺

坏，将其迁于安仁坊。寺内流水潺潺，园林遍布，牡丹盛开，吸引了多位高僧来此修行，尤其以和玄奘并称于世的义净最为著名。

当然，荐福寺还是以小雁塔闻名于世。小雁塔最初名为荐福寺塔。唐代高僧义净于唐高宗咸亨二年（671年）从洛阳出发取道广州前往天竺求佛法，历时25年，带回梵文经书400多部。自唐中宗神龙二年（706年）起，义净在荐福寺翻译佛经56部，撰写《大唐西域求法高僧传》，使该寺成为当时的三大译经场之一。唐景龙年间修建的荐福寺塔完整地保存了义净从天竺带回来的佛教经卷、佛图等。因其外形酷似大雁塔，唯独塔形稍小，小雁塔的名号就一

▼ 小雁塔

直流传至今。该塔是密檐式方形砖构建筑，初建时为十五层，塔身每层叠涩出檐，南北面各开一门。塔身从下往上逐层内收，形成秀丽舒畅的外轮廓线；塔的门框用青石砌成，门楣上的线刻画雕刻出供养天人图和蔓草花纹等图案，雕工极其精美，在一定程度上反映了初唐时期的艺术风格。明成化二十三年（1487年）陕西大地震，塔顶震毁，塔身中裂。其后明清两朝小雁塔历经多次地震战火和修缮，今天所见之塔基本保留了原有的格局，晚晴时期还在此基础上新修了藏经楼和南山门等建筑，保护佛经。

雁塔晨钟可谓荐福寺内最引人入胜的景观。荐福寺山门内建有钟、鼓两楼，铁钟筑于金明昌三年（1192年），用于佛教做法事时召集僧众之用，即所谓"晨击则破长空，警睡眠"。唐代虽有"晚送门人出，钟声杳霭间"的记载，但真正使雁塔晨钟闻名于世，其实是在清康熙年间，一口金明昌三年铸造的铁钟被发掘后，移入小雁塔内，从此，雁塔晨钟才成为西安不可或缺的报晨钟。

10. 佛教古刹法门寺

相传，佛祖释迦牟尼灭度（佛教对死的称呼）后，遗体火化结成舍利，佛法笃信者阿育王为弘扬佛法，使诸鬼神于南阎浮堤，将佛骨分成八万四千份，分葬于世界各地，并建成八万四千座佛塔，陕西扶风法门寺塔就是这其中之一。

法门寺始建于东汉末年恒灵年间，因寺内的法门寺塔葬有佛祖的手指骨一节，故名"真身宝塔"。东汉至北魏时称"阿育王寺"，隋朝更名为"成实道场"，唐初始名为"法门寺"。法门寺自创建到现在历时近两千年，是关中一座历史悠久的古刹，被人称为"关中塔庙之祖"。

因为塔葬有佛祖舍利，所以不能轻易开启，唐代二百多年间，先后有高宗、武后、中宗、肃宗、德宗、宪宗、懿宗、僖宗等八位皇帝六迎二送佛指舍利。每次迎送声势浩大，朝野轰动，皇帝顶礼膜拜，等级之高，绝无仅有。史书记载"三十年一开，开则岁丰人和"，可干戈平息，国泰民安，风调雨顺。因此历代皇帝对法门寺都十分重视，尤其是唐代皇帝，提倡佛教，首开亲迎佛骨供养之先例，场面之庞大，规模之隆重，无与伦比。唐高宗一次迎佛骨达三年之久，是历时最长的一次。规模最大的一次则在唐懿宗咸通十四年（873年），仪仗队从京城长安

▲法门寺宝塔

到法门寺300多里间，车马昼夜络绎不绝。佛骨到达京师时，宫廷、民间乐队争为奏乐，震天动地，士女瞻礼，人声沸天，百姓断臂燃身，以为供养，影响之大，历史罕见。现在法门寺尚有"真身宝塔"一座，为明代建筑，经清代、民初及近年修复，为13层八角形，高47米。塔前现存铜佛殿，塔后正北有大雄宝殿和左右耳殿，均为清代建筑。

1987年，国家对法门寺地宫进行了清理挖掘，深藏千年的佛指舍利与唐懿宗献给佛的金银珠宝、大批丝织品出世。这批珍贵文物的出土是继中国半坡村遗址、秦始皇兵马俑被发掘后的又一重大发现，被称为世界奇迹。尤其是13件秘色瓷器的出土，揭开了秘色瓷的谜团，解决了陶瓷史上的一大难题。这种只为唐代皇家宫廷使用，见于记载而未见形制的神秘瓷器在法门寺的出土，不仅提供了该种瓷器的标

▼四门金塔及影骨

准器物,且将其烧制时间上推到874年以前,成为中国陶瓷艺术研究的一大突破。

11. 兴教寺与玄奘塔

凤栖原与终南山之间有一条重要的川道名为樊川,其间水流东西纵横,襟山带水,风景优美。这个地区还有另一特点,在唐代佛教最为全盛的时期,这里还是寺庙最为密集的区域。兴教、兴国、华严、牛头、观音、云栖、禅定、法幢等八个寺院并称"樊川八大寺院"。而其中兴教寺因其所处地势最高、规模最大而被列为樊川八寺之首。

兴教寺的修建也与高僧玄奘密不可分。唐高宗麟德元年(664年),著名高僧玄奘法师圆寂,葬于白鹿原,总章二年(669年)改葬于樊川凤栖原,并修建了五层灵塔。次年,因塔建立了兴教寺,由唐肃宗提名"大唐护国兴教寺"。兴教寺坐北朝南,门内有钟鼓二楼遥相呼应,显示出一派庄严之气。该寺由殿房、藏经楼和塔院三部分组成。大雄宝殿正对山门,可远眺终南山,风景秀丽。殿内供奉有明代铜佛释迦牟尼像和缅甸赠送的白玉石刻弥勒佛像。大殿北方为讲经堂,堂内锦幡垂拂,香烟缭绕,墙壁间镶嵌有禅门诸宗的戒律石刻。殿西则碑碣林立，其中以玄奘法师《负笈图》最引人瞩目。这幅画描绘玄奘法师求取佛经途中身负满载经卷的行笈，心诚志坚的形象表现得淋漓尽致。距离这幅画不远处的一块汉白玉线刻观音像碑，是明代日本僧人愚中和尚赠鄠县县丞马仁安的纪念品。东院还修建有藏经阁，专门贮藏佛经。阁内藏有大藏经等数千册经书以及用巴利文撰写的《贝叶经》残片。

与东院藏经阁相对的则是西塔院的舍利塔。玄奘法师及其弟子圆测和窥基的遗骨安葬于此，并建有三座舍利塔。玄奘法师的玄奘塔立于正中，共五层，仿楼阁式，塔背嵌有唐文宗开成四年（840年）篆刻的《大遍觉法师塔铭》，因此该塔也称为大遍觉塔。因其为安葬遗骨和存放舍利的墓塔，楼上四层均不能登临。三座塔均有一千多年的历史，北边的慈恩殿内陈

▼ 兴教寺门牌楼

列玄奘法师及其弟子的石刻像供人瞻仰。

兴教寺不仅因其佛教文化而引人注目，它所处的地理环境也为人盛赞。寺内正殿后的高台上常年棕榈吐绿，古藤交错，与竹林相映成趣。而登临东院藏经阁，则可观终南诸峰，重峦叠翠，潏水西流，长安景色一目尽收，也是陕西不可多得的一处景观。

12. 欧洲景教传中国

基督教是世界三大宗教之一，也是影响西方历史、文化、社会及生活习俗发展最为深远的一个宗教。明清时期，一些传教士纷纷来到中国传递福音，他们中著名的一些人受到朝廷的重视，成为中国人了解西方世界的一个窗口，例如明朝的利玛窦以及清朝时期的南怀仁、汤若望、郎世宁等等。但是影响西方几千年的基督教，其实在更早以前就已经传入中国。

明朝天启五年（1625年），西安发掘出一块石碑，正面写着"大秦景教流行中国碑并颂"。碑文共有1780个汉字，另附有数十字的叙利亚文。这座石碑的出土在当时的传教士中间引起了极大的轰动。如今这座碑也成为了景教在我国传播的最早的证明。

景教的创始人为聂斯脱里，他曾任东罗马

帝国君士坦丁堡主教，因主张基督有人、神"二位二性"被东罗马教徒视为异端，受到迫害。一部分追随者逃亡到波斯，在波斯得到国王的保护，并成立了独立的教会，与摩尼教、祆教共同成为当时波斯的三大宗教，流行于中亚地区。至六世纪末，该教派已盛行于突厥、康居等地。这个教派以"景教"为名称传入中国。"景"，象征光明之意。因唐朝称古罗马为大秦国，因此这个教派又称大秦景教。根据石碑记载，唐贞观九年（635年），大秦国有大德阿罗本带经书到长安，宰相房玄龄迎接，唐太宗李世民接

▼《大秦景教流行中国碑》

见，并将其请入宫中详细询问教义，之后还安排他在皇家藏书楼翻译经典。三年后，唐太宗下诏准许景教在中国传播，并命人在长安义宁坊修建了波斯寺（后改名大秦寺），用来安顿景教的教士们，这一时期景教在中国得到了极大的发展。唐高宗时期，阿罗本被尊为"镇国大法王"，长安、洛阳、沙州、周至、成都等地纷纷修建起景教寺，唐玄宗时景教教士曾多次在兴庆宫讲道。此后二百年间，景教基本受到了唐朝历代皇帝的支持与保护，发展迅速，史称"法流十道""寺满百城"，全

国信徒多达二十余万人。直至唐武宗年间，会昌法难爆发，逾万间佛寺被毁，景教也受到了牵连。由于景教的传播过于依赖帝王庇护，因此朝廷颁布禁令后，景教一蹶不振，传教士两个世纪的辛苦经营只落得"寺废基空在，人归地自闲"的窘境。此后，景教只在北方少数民族地区有少量的传播。

▲ 大秦寺宝塔

　　唐德宗建中二年（781 年），波斯人景净立"大秦景教流行中国碑"，记述了景教在中国的传播情况。碑文分序和颂两部分，介绍了景教的基本教义，并叙述了景教在中国一百四十多年的历史，突出记载了伊斯辅佐郭子仪平定安史之乱的战功以及他的善行。而作为基督教传入中国后最早建成的寺院之一，位于西安周至县终南山北麓的大秦寺也极具代表性。大秦寺宝塔原名镇仙宝塔，唐贞观年间始建。该塔为七层八棱楼阁式空心砖塔，二层以上有木楼梯可通塔顶。这座塔造型古朴，美观大方，堪称我国古塔中之佼佼者。塔内遗存的景教泥塑和古代叙利亚外文刻字都是研究古代欧洲景教传播不可多得的珍贵资料。

13. 曲江池和灞桥柳

西安南郊的东、西曲江村,是唐代长安城东南的曲江池遗址所在地。在唐代,曲江池是著名的风景区。上自皇室贵族、达官显宦,下至市民雅士、才子佳人,都常到曲江池游宴享乐。每年三月三、七月十五和九月九,曲江池热闹非凡。碧波荡漾的湖面,笙歌画船,轻歌曼舞。殿阁起伏的池畔,红男绿女欢声笑语。特别是每逢科举发榜,朝廷都要在曲江池隆重宴请新及第的进士,长安城居民也都来观赏,一些权贵还趁此机会为女儿选择佳婿,盛况空前。宴罢,新科进士骑马游街,由曲江池沿黄渠赴雁塔登高题名,意得志遂。著名的关中八

▼ 今曲江南湖

景之一"曲江流饮",由此得名。

曲江池早在秦汉时就是风景名胜,但规模、名气都不及唐代。隋初著名建筑家宇文恺修大兴城时,利用这里原有的低凹地势,开凿了屈曲回旋的曲江池。唐玄宗开元中,又开凿了黄渠,引大峪水入曲江。秦岭充沛的山水出大峪口沿黄渠流入曲江,池水剧增,湖面扩大,朝廷还在这里建起了连绵起伏的楼台亭阁。曲江池成了长安城最大的风景区,得到不少大诗人的赞颂。如"穿花蛱蝶深深见,点水蜻蜓款款飞"就是杜甫对曲江池景色的生动描绘。唐末,黄渠断流,曲江池水源枯竭,沿岸原先错落有致的建筑物早被安史之乱破坏,曲江池昔日的风采荡然无存。到北宋时,这里已被辟为农田。目前,西安市建成了曲江遗址公园。

西安市东10千米横跨灞河的灞桥,是一座历史悠久、充满诗意的古桥。两岸枝条低垂的古柳,春夏时翠叶婆娑,寒冬时经风历雪,也是关中八景之一,名"灞柳风雪"。灞桥是东出长安的必经之路,汉、唐人送客东行,总要在桥边驻足,折柳与客人赠别。这个美好习俗大概出自《诗经》"思我往矣,杨柳依依;今我来思,雨雪霏霏"的典故。微风吹动着垂柳,轻柔的柳絮随风飘舞,正似人们分别时那依依不舍的神情。而且"柳""留"谐音,表达了挽留和惜别。所以,古往今来,灞河岸上的柳枝柳叶,默默地

▲ 灞河灞桥区段

传递了多少主客之间的依依之情。此时此刻，人们往往黯然神伤，多才多情的文人，便在这里吟出了千古名句。大诗人李白就有"年年柳色，灞陵伤别"的诗句。因此，灞桥又被称作"销魂桥"。

早在春秋初年，与东方诸侯争雄的秦穆公，为向子孙显示称雄西方的王霸之业，将滋水改名霸水，即今灞河。汉代，在霸水上修建了木桥，位置在当时霸、浐水交汇处不远，即今灞桥西北10余里处。隋初营建大兴城时，将灞桥移至今桥以北，改为石桥。五代以后，长安不再是一国之都，失去了政治中心地位，灞桥的交通地位也随之下降。虽然灞柳犹存，但昔日柳下话别，桥头相送的动人情景已不常见。

14. 石质书库碑林

西安碑林位于西安市南门内三学街。唐朝这里是皇城内的太庙。五代时孔庙移于此，于是将唐朝国子监所存100多通碑石移到这里，成为孔庙的一个组成部分。如今碑林已喧宾夺主，人们只知有"碑林"，不知有孔庙了。

碑林的名字最早出现在清代。清朝以前人们并不叫它碑林，而叫碑楼、碑亭或叫碑洞、墨洞。清朝嘉庆十年（1805年）的《重修西安碑林记》中首次使用"碑林"一词，但一经出现，就被普遍采用而且沿用至今。

西安碑林是我国保存古代碑碣数量最多的地方。到目前为止，已收藏各种碑石4000余方，成为考证研究我国历史文献、书法、绘画以及花饰艺术的宝库。其中著名的唐《开成石

▼西安碑林

经》，刻有12种经典，共用114石。《大秦景教流行中国碑》上面刻有古叙利亚文，是研究基督教传入中国的珍贵资料。此外，还有宋代刻绘的《禹迹图》《华夷图》，是我国现存最早的全国性地图。

西安碑林也是汇集我国书法艺术的宝库。唐代著名书法家欧阳询、虞世南、褚遂良、颜真卿、柳公权、张旭、怀素等人的真迹都可以在此见到，是书法艺术中不可多得的精品。

15. 明代西安城墙

西安的古城墙始建于明代，是国内唯一保存完整、规模最大的城墙。如今的西安城也就成为一座保存完好的明代城堡型建筑典范。

▼ 西安城墙（南门）

明代的开国皇帝朱元璋非常重视城堡建筑，他初攻徽州（今安徽歙县）时，据说有位叫朱升的世外高人给他建议："高筑墙，广积粮，缓称王。"朱元璋觉得此话很有道理，此后他就非常注意在重要的地方修建城墙。因此后世有"汉冢唐塔朱打圈"的谚语。也就是说汉代帝王重建陵，唐朝皇帝喜建塔（由于信佛），朱明王朝筑城墙。

西安的城墙是在明朝建国后的第二年开始修建的。它的最大特征是厚度大于高度，高12米，底座厚度达15~18米。周长近13千米，东西长3.4千米，南北宽2.6千米，分东、西、南、北四方，有4座角台，78座敌台，以及5000多个垛口，整座城池气势雄伟，戒备森严，体现了封建社会晚期中国中心城市的典型风貌。

除此之外，西安城内中心地带还有两座有

中华文明发祥地

名的明代建筑——钟楼和鼓楼。它也是西安城的中心标志。钟楼为正方形,高8.6米。鼓楼为矩形,高7.7米,两者相距半里,东钟西鼓,为古城增色不少。

16. 道教重地八仙庵

道教中有一个人们耳熟能详的故事,即"八仙过海各显神通",讲的是传说中道家的八大仙人为了去参加王母娘娘的蟠桃会,途中经过东海边上时,吕洞宾建议大家各自渡海,铁拐李站在龙头杖上,韩湘子坐在花篮里,吕洞宾、蓝采和、张果老、汉钟离、何仙姑、曹国舅各自乘着自己的箫、纸驴、拍板、鼓、竹罩、玉板渡海。西安也有一个以八仙命名的道教

▼西安八仙庵

圣地，即八仙庵。

八仙庵建在唐代兴庆宫的遗址上，是西安市内最大的道教观院。相传宋代一位姓郑的书生曾在此处遇到道教传说中的代表男、女、老、幼、富、贵、贫、贱的八位神仙。根据八仙庵石碑记载，原先这里有一座雷神庙，八仙流浪至此，手捉飞来蟑螂食之，离开后留下遍地栗壳，遂建八仙庵祭祀，以享受人间烟火。元、明、清朝对八仙庵均有修葺和重建，现存的以清代建筑为多。清光绪二十六年八国联军侵入北京，慈禧太后和光绪皇帝逃往西安避难，曾赠银一千两整修八仙庵，并命道长李宗阳修建牌坊，赐"敕建万寿八仙宫"庵额，悬挂于庵前门楣之上。

这座万寿八仙宫由后殿至山门分为三进院落。山门外有清光绪二十年砖砌的大牌坊，影壁上刻有"万古长青"四个大字。进入山门后，钟楼、鼓楼分立左右。第一进院里坐落着供奉道教护法神玉灵宫彩色塑像的灵宫殿，青龙、白虎将军分侍两侧。灵宫殿前正中有一座遇仙桥，相传道教全真派创始人王重阳求道时，在甘河桥偶遇吕洞宾，亲授"五篇灵文"而得道。因此该派均修仙桥以示纪念。第二进院为主殿八仙殿，道教日常盛大的宗教活动都在这里举行。殿中悬挂的"宝篆仙传"四字匾额，为光绪皇帝所书。殿内正中为东华帝君，两侧则为八仙的泥塑彩像。第三进院正面为斗姥殿，殿内供奉斗姥元君。大殿东西两侧各有跨院，东院内有吕祖洞、药王殿和太白殿。

八仙庵是陕西道教活动最为集中的圣地。每年九月初九是道教最重要的节日九皇盛会。每逢这一天，八仙庵都会举行盛大的道场，善男信女在初八的晚上便来到这里，初九清晨宗教活动拉开序幕，经师们手执法器，身着刺绣法衣，在高功带领下吟诵经典，祈祷国泰民安。信徒们烧香磕头，祈祷四季平安，直至今天，仍然香火旺盛。

17. 西安清真大寺

清真大寺是西安市规模最大的伊斯兰教寺院。它位于西大街鼓楼西北角的化觉巷内，由于它与大学习巷的清真寺遥遥相对，且规模更大，因此大家将这座清真寺称为清真大寺或东大寺。根据寺内现存碑文记载，清真大寺创建于唐玄宗天宝元年（742年），历经宋、元、明、清几次重修和扩建，形成了今天这座规模宏大，楼、台、亭、殿齐备，布局和谐的古建筑群。

寺院主体建筑均坐西向东，共分为四进院落，逐次幽深。第一进院内，古建木质大牌坊与雕砖大照壁相对耸立。这座大牌楼建于十七世纪初期，精镂细雕，飞檐翘角，琉璃瓦顶，刻有"敕赐礼拜寺"，颇为精美。其南北两侧各有厢房三间，陈列了许多明清古典家具。西行经过五间楼进入第二院，院中央树立石碑坊一座，中楣镌刻有"天监在兹"，两翼则分别雕刻"虔诚省礼""钦翼昭事"。石牌坊后南北两侧各树立一座冲天雕龙碑，一为明代万历三十四年（1606年）的敕建重修清真寺碑，碑阴镌刻米芾手书"道法参天地"五个大字；一为清乾隆三十三年"敕修清真寺"碑，碑阴镌刻明代董其昌手书"敕建礼拜寺"。二者均为书法艺术的珍品。西边堂内有推算回历的阿拉伯文月碑，记述伊斯兰教计算斋月的方法，是极为珍贵的历史资料。向西进入第三进院，一座八角形的省

▼ 清真寺牌坊

中华文明发祥地

▲ 清真大寺内的省心楼

心楼出现在视野中,它的北侧为讲经堂,南侧为沐浴房。再西行则可进入第四进院落,也是全寺中面积最大的院落。正面当首有"一真亭",六角双翼,形似凤凰起舞,因而又名凤凰亭。亭后有池,池旁有盘龙滚珠的雕石踏道,由此可登大月台。大月台西侧坐落着主殿,殿身由前廊、礼拜殿、后殿三部分组成,呈凸字形,面积可容纳千余人做礼拜。大殿雕梁画栋,刻有阿拉伯文图案,后殿的墙壁上也有板雕蔓草花纹,内套阿拉伯文《古兰经》,刻画精美。

这座带有伊斯兰教风格的建筑群,不仅具有历史和建筑领域的研究价值,也是世界各地伊斯兰教徒在陕西的一处宗教圣地。

18. 喇嘛寺院广仁寺

广仁寺位于西安城西北隅,是西安感受藏传佛教文化最浓厚的地方。这座喇嘛寺是陕西省唯一一座西藏密宗黄教寺院,被大家誉为陕西距离西藏最近的地方。

清朝初年,清政府在西藏、青海藏传佛教上层喇嘛进京朝见皇帝的沿途修建寺院,向蒙古族、藏族传达充分尊重他们宗教习俗和藏传佛教的意愿。广仁寺坐落于西安城内西北角,最初是西北和康藏一带大喇嘛进京途中经过陕西时的行宫，大家都将其称为喇嘛寺。这座寺院始建于康熙四十四年（1705年），清圣祖康熙来陕西巡视时，拨专款敕建，为其取名广仁寺，寓意"广布仁慈"，并亲笔题写"慈云西荫"殿额赐寺。

进入广仁寺山门内，大殿、藏经殿和讲经堂依次排列，东西两侧的配殿、厢房、跨院对称匀齐。大雄宝殿中供奉有三尊佛像，正中是鎏金铜绿度母像，左侧是木髻天母像，右侧是木质巨光天母像。这三尊均为唐代文物，雕刻工艺惟妙惟肖。藏经殿贮藏的大量佛经是广仁寺另一重要特点。明正统五年（1440年）刊刻，清康熙四十五年（1706年）续刻刊印的《大藏经》是其中的代表。这本佛经纸质精美，书体严整，卷首刻有精美的线刻佛画，以十卷为一函，用黄色包袱包裹，十分整齐。此外，寺内还珍藏有一部康熙三十九年（1700年）皇帝亲赐的《藏文大藏经》，收入密经、律、咒三部分内容，目录由汉、藏、满、蒙四种语言写成，由于是清王室宫本，因而装帧精良，每策扉画均出自藏、蒙名僧画家亲笔所绘，笔触细腻，是不可多得的珍品。穿过藏经殿便可看到讲经堂前的白色大理石莲花缸，清乾隆时期所造，并刻有隶书铭文，直至今天缸身上的莲花绕枝图案依然脉络清晰可见。

广仁寺有殿堂房舍五十余间，分别位于三重院落之中。第一进院落中有钟楼、鼓楼，主殿为天王殿，内有千手观音像安坐在金刚台莲花宝座上，观音全身贴金，闪闪发光。顶脊中央有镀金铜法轮和宝羊一对，与中殿、后殿殿脊上各自的大镀金铜宝刹前后照应，金光灿烂。大殿门楣上悬光绪御笔"广仁寺"木匾一块，四种文字，九龙镶边。第二进院落的主殿为文殊殿，又叫宗喀巴大师殿，香案上供着藏传佛教中格鲁派创建者宗喀巴大师及其弟子的铜像八尊。格鲁派僧侣又称黄衣僧，均戴黄帽，身披黄色袈裟，也称黄教。第三进院落的主殿叫大佛殿，又叫弥勒殿。整座寺院布局严谨，中轴线分明，左右配房对称。从殿外装饰看，天王殿的正脊上，两鹿相对，中立法轮，具有浓烈的藏传佛教寺庙的特色。这些在汉族地区寺庙大殿的装饰中是极为少见的。

▼ 广仁寺第三进院落

中华文明发祥地

19. 城隍庙与东岳庙

西安城隍庙是天下三大都城隍庙之一，与北京、南京都城隍庙齐名。这座明清时期风格的建筑位于西安西大街大学习巷东侧，始建于明洪武二十年（1387年），最初位于西安东城内的九耀街，明宣德八年（1434年）移建于现址上。清朝雍正元年（1723年），这座庙毁于火灾。同年，川陕总督年羹尧用从明秦王府拆来的建筑材料予以重建。其后，历经乾隆、嘉庆、道光等数位皇帝屡次重修，现存建筑为光绪十三年（1887年）所建。

城隍庙分为庙院和道院两部分。庙门口有木结构五间大牌坊一座，牌坊之上覆盖琉璃碧瓦，牌坊之下有铁狮一对。这座红色门柱的

▼ 西安城隍庙

大牌坊为明清风格建筑，重檐歇山卷棚式屋顶，屋面为五脊六兽，正中有三行，垂脊两侧各两行及四翼角覆盖筒瓦。牌坊东南西三面有回廊环绕。牌坊上方有贴金彩绘，其正面正中间的贴金彩绘是"二龙戏珠"。"二龙戏珠"两边左右对称的贴金彩绘则分别是"左龙"和"右龙"，两个单龙的上下方分别有贴金富贵花相衬，它们在蓝天彩云之中面面相对、遥相呼应。正面左行和正面右行正中间的贴金彩绘同是"龙凤呈祥"。"龙凤呈祥"两边左右对称的贴金彩绘分别是"左凤凰"和"右凤凰"，两个单凤凰的上下方分别由贴金富贵花相衬，凤凰口衔盛开的红色富贵花在彩云之中面面相对、遥相呼应。山门内有一条数百米长的青石甬道可以直达二门，甬道东西两侧店肆栉比，这些店铺以经营手工业品和京广杂货为主，生意兴隆。进入二门内大殿之前，有一座结构精巧的戏楼，与大殿南北相对，中间场地上以一座木制牌楼相隔，牌楼上绘制有精美的阴阳太极八卦图案。大殿宽七间，进深五间，正中间供奉着西安都城隍，两侧配祀判官、牛头马面和黑白无常等鬼卒。华丽的大殿和牌坊都显示着城隍庙昔日的显赫地位，直至今天，它仍然是西安最著名的道教庙宇和商贾百工技艺云集之地。

　　除此之外，西安还有另一座著名的道教宫

观——东岳庙，位于西安城东门内昌仁里。据《咸宁长安续志》记载：东岳庙建于北宋徽宗政和六年（1116年）。明神宗万历十年（1582年），秦王曾翻修大殿，增建白石牌坊。清代，东岳庙由于被圈入"满城"而得以妥善保存至今。

现存东岳庙正殿五楹，廊庑深邃，屋顶覆盖琉璃瓦。殿内东西两侧绘有壁画，其内容多取自神话传说，画中的室内陈设和器物给后人提供了研究古代风俗人情的珍贵资料。道教是中国土生土长的固有宗教，鲁迅曾说"中国根柢全在道教"。这些保留至今的道教宫观更是集中体现了东方智慧和古代百姓生活百态以及精神追求，是不可多得的文物瑰宝。

▼西安城隍庙牌坊

人物春秋

1. 愿者上钩的姜太公

看过电视剧《封神榜》的人，都不会忘记那个能量无穷、大智大勇、辅佐周武王灭商的姜太公——姜尚。历史上也确有其人，而且与陕西有着千丝万缕的联系。

姜尚，字子牙，因其先祖曾辅佐大禹治水有功封于吕地，所以也有人叫他吕尚。姜尚的一生十分坎坷。本来，他是一个很有抱负的青年，然而，早年一直怀才不遇。他曾在商都朝歌，也就是今天的河南淇县宰牛卖肉，后来又做过卖酒的营生。到80岁的时候仍然没有得到施展抱负的机会，于是他便整日坐在岐山脚下的渭河边上垂竿钓鱼。其实他的目的并不在鱼身上，鱼钩上并无鱼饵，鱼竿也不垂于水下，他是在等待慧眼识珠的英雄到来。这便是"姜太公钓鱼，愿者上钩"的来历。终于有一天，周文王来到这里，见他议论

▼台北故宫博物院藏《渭滨垂钓图》

横生，见解精辟，于是请他做军师，尊称为"太公望"，意思是西周先祖太公所盼望辅佐子孙的圣人。他由此得遇知己，一生才智得以施展，为周王朝立下了汗马功劳。后被封到今天的泰山、渤海一带，建立齐国，成为历史上齐国的始祖。

2. 中国历史上的第一个皇帝

中国历史上第一个皇帝秦始皇几乎是尽人皆知的。秦始皇并不姓秦，他姓嬴名政。提起秦始皇，人们都知道他专横跋扈的一面。其实在他步入历史舞台的进程中还是经历了许多坎坷、有过许多作为的。

▼ 秦始皇塑像

嬴政早年是以庄襄王长子的身份继承王位的，当时嬴政只有13岁，大权掌握在其"仲父"相国吕不韦的手中。嬴政在22岁以前虽有国王的身份，实际上并无实权。吕不韦以相国的身份监国，专横跋扈，门客三千，将朝政牢牢地把持在手中，嬴

中华文明发祥地

政只不过是他手中的一个玩偶而已。随着年龄的增长，阅历的增加，嬴政慢慢地明白了自己地位的不利，和吕不韦的关系也慢慢地恶化了。

公元前238年，也就是嬴政即位的第九年，为了摆脱干扰，嬴政先发制人，铲除了吕不韦集团，罢免吕不韦的相职，将大权争取到了自己的手中。嬴政亲政以后，积极发展秦国势力，离间六国君臣，经过15年的南征北战，建立起中央集权的秦王朝，自称始皇帝。

秦始皇上台后实行了一系列改革，中央设三公九卿，地方实行郡县制，废分封，统一文字、度量衡，创立了崭新的封建制度，对中国历史的发展做出了辉煌而巨大的贡献。但是他严酷刑罚，横征暴敛，大兴土木，焚书坑儒，最终激起陈胜、吴广起义，使秦代成为短命王朝，只存在了15年，也受到了历史的惩罚。

▼秦始皇陵

▲ 古长城遗址

3. 万里长城的缔造者

万里长城作为中国古代劳动人民智慧的结晶，谁都知道他是秦始皇下令修造的，但是督造这一工程的又是何许人也？他就是大将蒙恬。

蒙恬，先世本为齐人。从祖父开始进入秦国，为秦王效力，一直是秦国有名的大将，到蒙恬时已历三世。蒙恬本是个多才多艺、文武双全的人物，他早年曾学习过法律，精通文学，还做过典掌文学的官职，由于其家世代为秦将，他深受感染，兵法武艺也很精通，参与攻打齐国。秦统一以后，他又被秦始皇派往北方，驱逐匈奴，收复河套地区。为了巩固边防，防御

中华文明发祥地

匈奴，修筑了举世闻名的万里长城。

万里长城西起临洮，东至辽东，蜿蜒万里，成为北方的防范体系，对保卫边疆起到了很大的作用。蒙恬的名字也因此与万里长城连在了一起，受世代人所瞩目。

公元前210年，秦始皇驾崩了，赵高篡夺了国家大权，为了扫除障碍，他捏造罪名，将蒙恬囚禁、逼死。至今蒙恬墓还耸立在绥德县城西南半公里处，据说是他的部下用战袍盛土为他筑起了陵墓，足见他是何等受人敬仰。

4. 宁死不辱使命的苏武

苏武是今西安市人。他出身于将军世家，从小受到良好的教育，为人耿直忠贞，公元前101年被汉武帝派往匈奴，通好事宜。然而，就在这一年，匈奴上层集团发生政变，苏武被怀疑参与此谋，被拘扣留。匈奴单于（即国王）借题发挥，威逼苏武投降，遭到苏武的严词拒绝，单于想出许多办法折磨他，都不能使他屈服，最后把他流放到今贝加尔湖一带牧羊，声称"公羊产羔才许回来"。苏武牧羊十九载，汉节始终不离手，节旄落尽了，节杖磨光了，然而他始终不屈服。

汉昭帝以后，汉匈关系有所缓和，汉昭帝

要求匈奴遣返苏武，匈奴单于欺骗说苏武已死，后来汉使使出计策，诡称天子在长安上林苑射中一只大雁，雁脚系有帛书，上写"苏武在某大泽中"，单于大惊失色，只得遣返苏武归汉。当苏武返回长安时，他已是一位须发皆白的老翁了，汉昭帝为他举行了隆重的迎接典礼。当衣衫褴褛、手握光秃节杖的老人出现

▲ 苏武牧羊塑像

在人们的面前时，没有人不为之落泪。苏武"威武不能屈，富贵不能淫"的英雄气概，体现了中华民族的骨气与意志，是值得永世继承和发扬的。

5. 开纪传体史书先河的司马迁

司马迁是西汉左冯翊夏阳人，即今天的陕西韩城人，他从小就好学深思，精通天文

发现陕西

小资料

司马迁生活在汉武帝时代，是我国古代杰出的史学家、文学家。他编写的《史记》是我国第一部纪传体通史，叙述了从黄帝到汉武帝时期的历史，成为我国历代王朝编写史书的典范。

▼韩城司马迁祠

历法、文学、历史，得到过当时许多著名学者的指教，立志做一名历史学家。为了实现自己的远大理想，司马迁19岁时便独身一人游历全国，遍访名山大川，考察社会民情。父亲去世以后，他接替父职正式做了太史令（即史官），这样他更有条件接触到大量宫廷资料，拟定了写作《史记》的大纲。

公元前99年，为了伸张正义，替被屈含冤的大将李陵辩护，得罪了皇帝，被判以宫刑的处罚。他痛不欲生，几乎没有信心活下去了。但一想到《史记》还没有完成，便又增加了他活下去的勇气。以后司马迁将全部身心都投入到写作当中，前后历经16个寒暑，终于完成了《史记》的写作。

《史记》内容分12本纪、70列传、10表、8书、30世家，共130卷，52.65万字，记叙了我国从传

说中的黄帝到汉武帝3000余年的历史,开创了纪传体史书的先河。鲁迅曾精辟地把《史记》誉为"史家之绝唱,无韵之离骚"。

6. 中国的探险家张骞

张骞是陕西汉中城固人。公元前139年,即汉武帝建元二年,汉武帝为联合大月氏国共同打击匈奴,派张骞为使者出使西域。

西域主要指今天的新疆、中亚一带的广大区域。那时候由于交通工具还不发达,中原与西域很少往来。汉武帝说出他的想法以后,许多大臣都感到毛骨悚然,谁也不敢承担这一职责,只有张骞挺身而出,主动担当起这一艰巨的重任。

公元前138年张骞带领100余名随从出发了,当时西域还被匈奴控制着,刚走到河西走廊便被匈奴骑兵发现了,把他们抓住扣留下来,一待就是十多年,后来张骞想尽一切办法逃了出来,过大宛、康属,到了今中亚阿姆河北一带的大月氏。在此住了一年多,但最终没有说动大月氏国王出兵,回来的路上又被匈奴抓获,囚禁一年多。

公元前126年,张骞回到了阔别13年的长安,他虽然没有联合起大月氏国共击匈奴,

中华文明发祥地

▲ 张骞塑像

但却是中原去西域的第一人，打通了古代中西交通著名的"丝绸之路"，不仅带回了西域的土特产品，同时介绍了西域的风土人情，对内地人了解西域起到了很大的作用。以后张骞又以向导的身份再次出征西域，死后被封为"博望侯"，成为中国历史上第一位勇敢的探险家。

7. 不爱脂粉爱江山的武媚娘

武媚娘即武则天皇帝，她是中国历史上第一位也是唯一的一位女皇帝。祖籍在今山西文水县。他的父亲因跟随李渊起兵反隋，官封工部尚书，母亲杨氏也出身官宦家庭。武则天在这种家庭环境中从小就受到了良好的教育。

武则天自小就因貌美远近闻名，14岁时被唐太宗选入宫中，立为才人。但并不很得太宗的宠爱。太宗死后，便被安置在长安城北的感业寺出家为尼了。生活的波折练就了她坚强的性格。以后她深得高宗李治的赏识，又被招入宫中，立为昭仪，不久便得了皇后的地位。高宗时患风疾，经常头痛，许多政务都无法亲自处理，武则天从此开始帮助处理政务。由于她的聪明和才智，竟将朝政处理得井井有条，

中华文明发祥地

▲ 乾陵

深得高宗的信赖。高宗死后，她从辅助朝政的地位一步步又将其子中宗、睿宗先后废掉，直到690年，武则天67岁时正式当上皇帝，改国号为周。

武则天是一个权力欲极强的女性，她从不满足于后宫的脂粉生涯，难耐寂寞。然而在她统治时期还是做了许多有利于百姓的事情的。经济上劝课农桑，重视农业生产。政治上打击官僚士族，重用寒士，社会经济得到了相当的发展，因此历史上称她"僭（篡夺）于上而治于下"。704年年底，武则天病重，卧床不起，大臣张柬之等人发动政变，拥戴中宗复位，恢复了唐国号，不到一年，武则天便病死了。

8. 香山居士白乐天

提起白居易的名字，略微通晓诗词的朋友是没有不知道的。他是与李白、杜甫齐名的唐代三大诗人之一。

白居易，字乐天，号香山居士，今陕西渭南人。白居易从小就聪慧过人，5岁能写诗，27岁便考中进士，后进长安翰林院中为官。因为官廉洁，刚正不阿，得罪宦官集团，不久便遭贬谪。

白居易的一生颇不得志，升官的机会不多，贬谪的机会却不少，但这种经历却给了他诸多接触社会、接触民众的机会，使他的诗歌渐渐成熟起来。写出了大量的像《长恨歌》《琵琶行》《卖炭翁》及《秦中吟》《新乐府》的著名诗作。他的诗讽喻时政，犹如一部史诗，折射出时代的光环，因此时人将其诗比作《国风》《离骚》。他的诗作流传也极为广泛，在写作上，他力求诗风大众化，贫民化，因

▼白居易

白居易像
772—846

中华文明发祥地

唐代科学家李淳风创作于贞观十九年的《乙巳占》，是我国气象史上，也是世界气象史上最早的专著。内容包括天象、云气、风雨及星宿分野等方面。书中把风分为动叶、鸣条、摇枝、堕叶、折小枝、折大枝、折木、飞沙石、拔大树及根8级。并把风向由原来的8个方向发展到24个方位。成为世界上第一位给风定级的人。

此，每写出一首诗都要念给邻近的阿公、阿婆听，听不懂的他就改，直到他们听懂为止，因此他的诗作往往通俗易懂、雅俗共赏，至今留有诗集《白氏长庆集》，存诗达2800余首。

9. 一代名相寇准

寇准，字平仲，今陕西渭南人。19岁即考中进士，当时正值宋太宗时期，有人劝说他：太宗取士，喜用老成，年少者往往被罢斥，你应该多报几岁。寇准却答道："我正求上进，岂能说谎！"

入朝以后，寇准因耿直、豪爽，以敢讲真话闻名，受到太宗的器重，太宗时常感叹道："我得寇准，就像唐太宗之得魏徵啊！"有一年，天下大旱，太宗召近臣言时政得失，大家都说是天意，只有寇准说是刑罚不平，社会不公所致，并举出一系列例证，皇帝嫌他揭短，拂袖而去，但事后一调查，果如寇准所言。

真宗即位以后，召用寇准，委以丞相重任。为相不久，辽军大举入侵，真宗非常害怕，朝臣纷纷主张迁都南方，只有寇准力排众议，坚持请皇帝亲征，挫败了辽军的进犯，双方订立了著名的"澶渊之盟"，宋辽边境基本上维持了和平局面。

寇准在任宰相期间,唯才是举,进贤臣,退小人,但也因此得罪了一些资深的元老,他们制造舆论,诽谤寇准,真宗开始疏远他,派他去地方做节度使。1019年又被贬到南方边远地方任地方小吏。晚年贫困潦倒,1023年死于雷州司户参军任上。在他死后11年,宋仁宗为他平反,赠莱国公,后人也因此称他为"寇莱公"。

10. 闯王李自成

　　李自成是明末农民起义的著名首领。他出生于陕西省米脂县。幼年时因家境贫寒一度被舍入寺庙为僧,后来又给富家牧羊,做过驿卒。家境的贫寒使他备受富豪乡绅欺凌,心中积聚起对统治者的深仇大恨。

　　明朝末年,陕西连续三年无雨,饿殍遍地,

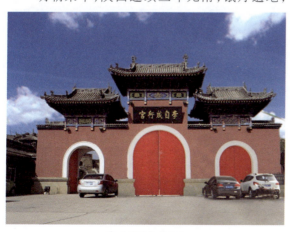

▲ 米脂李自成行宫

居民十之七八为生存而参加了农民起义,李自成于是带领侄儿李过等一批青年投奔义军,举起了起义的大旗。由于他出身贫苦,顽强善战,治军有方,号称"闯将"。不久李自成便异军突起,声名彰著,被明朝官员称为"贼盗"中的"最枭劲者"。队伍最多时发展到几十万人。

1644年,李自成领导的起义军占领西安,并建立政权,国号大顺,自称大顺王。不久攻入北京,明王朝至此宣告灭亡。然而,李自成进京后,缺乏建立新政权的政治准备与必要的军事部署;在政策上犯了许多错误;领导阶层发生裂痕;组织纪律涣散。最终导致山海关一战被吴三桂联合清兵部队打得大败,只好退出北京,最后在湖北通山县南的九宫山壮烈牺牲。

丰富灿烂的文化

1. 陕西境内最古的文字

<big>陕</big>西境内最古的文字（包括具文字性质的刻画符号），主要有半坡和姜寨陶文、西周甲骨文等。在西安半坡新石器时代遗址挖掘中，发现属于仰韶文化的彩陶上，有100多例刻画符号，共有50多种。半坡这种仰韶文化陶器符号，在陕西长安、临潼、合阳、铜川、宝鸡的考古发掘中也有发现，而且有共同特点。半坡的陶器符号是由几何线构成，其中一些比较简单的可释为数字"一""二""五""七"等。但这仅是以现代文字去比附古代符号，何况这与我国文字演变的"六书"说（即象形、指事、会意、形声、转注、假借）不合，不能令人信服。因此半坡刻画符号至今仍是神秘的原始文字之谜。

　　20世纪70年代在临潼姜寨又发现大面积

▶ 半坡遗址出土陶器

的新石器时期原始村落遗址。姜寨的陶器上也发现有数十种刻画符号，而且符号结构比半坡的更复杂，形状更像文字。比如有的学者从中找出与商代甲骨文"岳"相似的刻画符号，还有的符号笔画看上去与现代文字的"市""巾""十"非常接近。这些有待破译的符号绝非随意刻画，无疑将为研究我国汉字的起源提供重要依据。它表明，关中可能是我国最早的文字的诞生地。

1977年至1979年，在周原宫室基址（岐山凤雏村）西厢房的两个窖穴中，发现了17500多片甲骨，其中有字卜甲293片，以后又在扶风齐家村发掘出带字龟板1块，牛肩胛骨3片，合计总字数600多个，不同单字360多个。这是我国首次发现的大批西周甲骨文。内容是卜辞，主要记载上起周王季或文王，下至周公摄政时期的卜祭、卜告、卜年、卜出入、卜田猎、卜征伐和杂卜之事，史料价值相当高。比如有的甲骨文记述周人为表示自己是商的属国，在周原建有商王的宗庙。商纣王的父亲帝乙曾来到周原，与周人一起饮酒杀牲祭祀祖先成汤，并进行盟誓。这件事在文献中没有记载。又比如有的记述"今秋楚子来告"，这恰好可以和文献记载的周成王在周原举行的著名"岐阳盟会"联系起来。在这次盟会上，楚子被指派看守会场火炬。盟会的场所，也许就在凤雏。还有些

中华文明发祥地

甲骨文记载了人名、地名、官名、月相、计时法，以及其他方国与周的各种交往关系等，反映了周文王为灭商所做的准备工作。

西周甲骨文的显著特征就是字体细小，在指甲盖大的一块卜甲上，竟能刻上20~30个字，最小的字直径仅1毫米，小如芝麻，笔道细如毛发，要用5倍放大镜才能看清。这应是我国最早的微雕艺术瑰宝。但3000年前究竟用什么工具在坚硬的甲骨上刻出的，至今还是一个无法解释的谜。

1986年陕西镐京考古队发掘出土一批属于陕西龙山文化的刻画兽骨和骨器。刻画符号与甲骨文形体结构相似，可释读的有"人""万""元""二""三""八"等字。也许就是从半坡、姜寨陶文向商周甲骨文过渡的早期文字。

2. 西周青铜器与金文

陕西是西周青铜器出土最集中的地区，特别是周原和丰镐两地，往往成批出土。历代出土的数千件周器，绝大部分出自关中，因此这里号称"青铜器之乡"。这与周族尊祖敬宗、重视祖宗陵庙、强调死后归葬关中而且有重葬习俗有关。周原出土的大盂鼎（重153千克）、毛公鼎（有497字）都是著名国宝。

▲ 西周晚期毛公鼎

▲ 史墙盘及铭文

1975年出土的37件青铜器,其中著名的"裘卫四器",记载了西周转让土地的珍贵史实。1976年出土的103件徽氏家族青铜器,其中墙盘有284字,记述了文、武、成、康、召、穆、恭七王的业绩,也是公认的国宝。仅周原庄白一村,就出土过300件周器。丰镐旧址长安下泉村在1980年出土一件十分重要的晚周青铜器——多友鼎,铭文长达278字,记载了周宣王军队与猃狁在京师附近的殊死决战。临潼零口镇1976年出土150件周器,其中著名的利簋,记载了武王伐纣的牧野大战,是已知最早的西周青铜器。此外,1979年在淳化县史家原出土3件周器。其中大鼎重226千克,是已知最大最重的周器。

西周青铜器的重要价值很大程度在其铭文。铭文又称金文,亦称大篆。西周金文是关中陶文、甲骨文之外最重要的古文字,字数逾万。从宋朝就开始有人著录研究。西周金文与接近甲骨文的殷商金文相比,字体逐渐加长,字的笔画多有显著的"波磔",而且由于字数多,开始有固定形式,行文规整。晚周金文,字体更趋方整,可称籀文。籀文为后来关中的秦国文字(小篆)奠定基础,有明显的渊源关系。

3. 秦小篆与隶书

秦以前,诸侯国自成体系,具有"言语异声,文字异形"的局面。那时文字大体分为两大系统:一为六国文字,一为秦文字。六国书体纷繁,不同于殷周传统文字;而秦却以地处周朝发迹之地,自然袭用周的金石文字,略有省减。流传到今天的石鼓文,就是唐初在陈

▼ 秦石鼓(秦小篆)

仓(今宝鸡)发现的。据郭沫若鉴定,是秦襄公时物。石鼓上刻的文字,就是大篆,也叫籀文,它和小篆比较近似,这就是秦文字。

秦始皇统一全国之后,由于政治、经济形势的发展变化,要求全国有一种统一的文字。丞相李斯奏请,凡不合秦国文字的,一律罢除。由李斯作《仓颉篇》、中车府令赵高作《爰历篇》、太史令胡毋敬作《博学篇》,推动文字统一的工作。主要依据史籀大篆,加以简化省改,创制出新字,名叫小篆。小篆同前代文字相比,笔画一般趋于平直,省略或简化了部分字的偏旁,结构统一定型。政府利用新创制的小篆书写公文诏令。同时,把《仓颉篇》《爰历篇》《博学篇》作为标准文字的范本,在全国加以推广。上述三篇今已亡佚,留传至今的有丞相李斯手书的权、量诏版以及《泰山刻石》《琅琊刻石》,峄山、会稽刻石的摹刻本。刻石笔力劲秀,结构严谨,是秦小篆的代表作,也是我国书法艺术的珍品和历史文物的瑰宝。

秦的小篆流行于统治阶级的上层之中,人民书写的则是另一种文字——隶书。隶书是小篆的一种草率简化的写法,开始流行于民间,后来官府衙门的差役也用这种简化的字书写。

当时,下邽(今渭南东北)人程邈做长吏,因得罪秦始皇被囚于云阳监狱。在狱中总结流行在民间的草率简化的字,形成比较正规的隶书。这种字主要把篆书的圆折改为方折的笔法，写起来迅速方便，这就是秦隶。1975年在湖北云梦睡虎地第11号秦墓出土100多枚竹简，内容为秦的法律条文和卜筮日书一类，显系秦的隶书文字。这种文字虽在下层人民中广泛使行，但政府的诏令公文，仍然要用小篆书写。到了汉代，隶书才受到特别的重视，逐渐成为通行的文字。

▼ 秦峄山碑(秦小篆)

4. 石门十三品

"石门十三品"是褒斜栈道石门摩崖石刻的重要组成部分。从褒斜道、石门开通以来，往来于道上的文人骚客，在饱览胜迹之余，抒发情怀，题诗为文，镌刻于石门内外崖壁，形成蔚为壮观的石门摩崖石刻。自汉至明清，题刻不下100方，以汉魏刻石为主的13种最为出类拔萃，是石门摩崖石刻的精华，世称"石门十三品"。

十三品中记述或赞颂褒斜栈道修治通塞历史的摩崖刻石共8方，以《鄐君开通褒斜道》摩崖为最早，是东汉明帝永平九年镌刻的。记述了汉中太守鄐君（史佚其名）于63年率刑徒开通褒斜道的事迹。第二方是南宋光宗绍熙

▼ 褒斜道

年间，南郑县令晏袤在原刻摩崖的下方，题刻释文，对原刻文字加以注释，人称《鄐君碑释文》。第三方是东汉桓帝建和二年，汉中太守王升刻的《故司隶校尉犍为杨君颂》，记述四川犍为武阳县人杨涣（字孟文）多次奏请修复褒斜道，据理力争，终使愿望得以实现。石刻颂扬了杨涣的功德，故也称《杨孟文颂》。第四方是155年刻的《李君表记》，记述扶风丞犍为武阳人李君修阁道的事迹，有"贾（商）民欢喜，行人蒙福"的赞语。第五方是173年四川犍为人卞玉，外游归家，途经石门，有感于杨涣修复栈道之功，遂于《石门颂》左侧，刻石表彰杨涣后裔杨淮、杨弼任司隶校尉的政绩，并追述先人杨涣修治褒斜的大功，世称《杨淮、杨弼表记》。第六方是263年《李苞通阁道》摩崖刻石，记述曹魏荡寇将军浮亭侯李苞率领兵丁、工匠复通阁道工程之事。第七方是记述270年西晋造桥阁于褒谷事迹的《潘宗伯、韩仲元通褒道题名》。第八方是北魏年间刻的《石门铭》，叙述西晋灭亡，褒斜道废弃不用，石门一度闭塞至北魏宣武帝时，梁、秦二州刺史羊祉奏请修复褒斜道，朝廷派遣左校领贾三德率众修复，至509年竣工。

　　写景题刻4方，是用汉隶大字书写的摩崖刻石。有相传西汉隐士郑子真书写的《石虎》摩崖，原在石门之南，以山峰形似虎而得名。

中华文明发祥地

《石门》摩崖传为汉永平四年凿通石门时的作品。《玉盆》摩崖,原为石门以南褒河水中一巨石,中凹似盆,色白如玉,故有此称。《衮雪》摩崖,原题刻在石门南约半里许的巨石上。该处石多浪激,状若滚雪,传曹操过此,触景生情,题写"衮雪"二字抒怀。

最后一方是《山河堰落成记》,记述汉中水利工程的摩崖石刻。原来褒水一名山河水,西汉萧何创修山河堰,曹参继建而成。汉中人称此堰为萧曹堰。南宋绍熙年间,山洪暴发,堤堰尽决,于1193年修葺,次年竣工,刻石撰文记述这一盛举。

石门十三品摩崖石刻,它出自当时人的手笔,具有很高的史料价值。它上溯东汉永平,

▼《石门颂》局部

下迄南宋绍熙，从中不难看出我国书法演变的轨迹。《鄐君碑》是石门最早的汉隶，笔势无波磔，始由篆书之圆折向方折转化，保留明显的篆书特征，同时隶势也初具，可以说是由篆书向隶书过渡的一种书体。《石门颂》，是东汉隶书的代表作品，起落笔有明显的波势，行笔流畅，洒脱自然，布局精当，结构均匀，有"野鹤闲鸥，飘飘欲仙"之慨！堪称"汉人极作"。《石门铭》，则是由隶书向楷书转化的代表作。它和《石门颂》虽相隔几百年，但书法风格类似，不过字体已变为魏体，给人以隶意未尽，而楷势已具的感受。其字体结构奇特，疏密并用，倾斜的字，好似龙飞凤舞。康有为鉴之为"神品"。近世书法大师于右任，就曾"朝临石门铭，暮写二十品"。至于《石门》《衮雪》等汉隶大字，更是气派不俗，体势各异。

5. 鎏金铜马和待诏金马门

西汉鎏金铜马是 1981 年在陕西兴平汉武帝茂陵东侧第 1 号无名冢葬坑中出土的，同时出土的还有鎏金鎏银竹节熏炉等 230 多种稀世珍宝。其中大量器物上都镌刻有"阳信家"字样。

"阳信家"可能指阳信长公主，她是孝景王

中华文明发祥地

167

皇后的长女，武帝刘彻的姐姐，先嫁平阳侯曹寿，称平阳公主，后因曹寿有恶疾，改嫁大将军卫青。这批器物在卫青墓附近，或者就是阳信长公主的随葬品。

鎏金铜马确是一件无与伦比的工艺品，高62厘米，长76厘米，通体鎏金，色泽鲜亮，外形清秀，昂首站立，两耳前竖，颈长鬃厚，四肢高细，肌肉和筋骨匀称合度，造型奇伟，与发现的秦代铜马、陶马迥然不同。它的线条明快洗练，气魄雄健，内蓄力量，反映出汉朝盛世风貌，这就是"汉唐风骨"。据考察，它的体型特征接近阿哈马。阿哈马是土库曼南部沙漠绿洲上的古老马种。今土库曼就是汉代大宛国的一部分，因此推测鎏金铜马可能就是西汉时代的大宛马。大宛马称天马或汗血马，疾驰如飞，日行千里，速力远远超过中原的马匹。

汉武帝为了索取大宛天马，先派使者携带千金及金马前去换取，遭到拒绝，最后不惜诉诸武力，派贰师将军李广利远征大宛。大宛战败后，献好马数十匹，中马以下牡牝3000多匹。以后武帝每年都派出大批使者分赴大宛及西域诸国索取良马。

据史书记载，武帝时，有个相马的专家东门京制作铜马奉献朝廷，被安置于未央宫北门外，从此，北门又叫金马门。这匹出土的鎏金铜马不一定是东门京所献的铜马，但就造型考察，当属一类。它和携往大宛的金马，可能都是天马的仿制品。

　　要被汉武帝召见的大臣，多在金马门外等候，这就是史书上常说的"待诏金马门"，是一种不平凡的礼遇。如公孙弘以应贤良文学对策，在100多位应对者中，擢为第一，遂拜为博士，"待诏金马门"；自恃不凡的东方朔以及"奉使不辱命"并参与立宣帝的苏武等人，都享有"待诏金马门"的特殊礼遇。可见在金马门这个不凡之地待诏接见，显然含有对才智之士的期待和信任以及对功勋卓著大臣的格外恩赏。

6. 蔡伦纸的发明

造纸是我国四大发明之一。据史书记载，最早的纸是由东汉和帝时中常侍蔡伦所造。然而考古发掘资料却告诉我们，西汉时已经有了造纸技术。

　　1957年5月，在西安灞桥发现西汉前期墓葬内铜镜下面垫有古纸残片，称"灞桥纸"；1978年12月，在扶风中颜村西汉宣帝年间的墓葬中也发现有古纸，称为"中颜纸"。灞桥纸和中颜纸的原料都是麻类植物纤维，前者颜色泛黄，结构松弛，纸面粗糙，是目前已知的世界上最早的植物纤维纸（也有学者持不同意见，认为

中华文明发祥地

它可能是沤过的纺织品的下脚料,如乱麻、线头等纤维的堆积物,放在铜镜下作衬垫用,在潮湿的地下受压而形成片状,不能以纸定论)。中颜纸呈乳黄色,具有一定的坚韧耐折性,色泽较好,和1974年在甘肃居延发现的古纸十分近似,纸面厚薄不匀,质地粗糙松弛。这种纸虽然还无法作为书写材料,但已能说明关中地区可能是造纸技术的最早发祥地。

东汉和帝时,宦官蔡伦负责制造御用器物。鉴于简牍笨重、缣帛昂贵,总结西汉以来的造纸经验,用树皮、麻头、破布、渔网做原料,改进造纸方法,终于创制出一种质量较高可以用于书写的纸。105年蔡伦上奏和帝,受到赞赏,从此推广全国。蔡伦在安帝时封侯,所以人们

▼蔡伦墓

称他发明的纸为"蔡侯纸"。尽管目前蔡侯纸还缺乏实物证明，但能作为奉献的贡品，并颁发天下，可见这种纸的质量一定比西汉古纸有很大提高。1974年甘肃武威出土了旱滩坡纸。据分析，也是麻类植物纤维纸，纤维组织细腻，结合紧密，平滑度、匀度都较好，与现代一般机制原稿纸相当，完全可以用来书写文字。其时代晚于蔡侯纸几十年，或者这种纸就是蔡伦改进后被推广使用的一种纸。这一实物的出土，足证蔡伦是把原始纸的制作提高到一个新的阶段，对人类文化的传播做出了伟大的贡献。他虽为江南人，但陕西汉中洋县建有蔡侯墓，这既反映了陕西人对他的敬仰，也表明他造纸的功绩与陕西的关系。

7. 东汉画像石

东汉贵族、官僚、地主，常在墓室或祠堂的平面石板上采用浮雕、线刻的形式，刻绘出各种图像，叫"画像石"。我国山东、四川、陕北等地的东汉墓葬或祠堂中都曾发现这种装饰性的画像石。

1953年以来，陕北绥德、米脂一带，先后出土了几百块东汉画像石，年代大约为1世纪。绥德、米脂在秦、西汉时属上郡，在东汉时部分地区属西河郡,是当时的重镇,文化比较发达。出土的汉墓画像石,都是就地取材,采用陕北青石板加工制成,工艺以阳刻减地为最多,阴刻线条画像石为数不多。

陕北东汉画像石,题材广泛,内容大致分为:(1)表现神话传说的画像,有西王母、伏羲、女娲、玉兔、日中金乌(三足乌)、后羿射日、羽人神仙等神话故事。还有的墓门上刻画青龙、白虎、朱雀、玄武的形象,表示四方之神。(2)表现上层社会生活情景的画像。如统治阶级的出行、狩猎、饮宴和楼阁建筑的画面,还有观赏击剑、角力、蹴鞠、跳丸、投壶、六博、舞乐百戏的活动场景。(3)反映人民劳动生活的画像。如有"二牛抬杠"画像和一牛拉犁,一人扶犁,一人在后边播种画像,也有拾粪画像,还有"谷物

▼陕北东汉画像石

图""收割图"和"放牧图",图中谷棵苗壮,穗子丰硕下垂,农夫手持镰刀收割,牧人扬鞭驱赶牛马羊群,以及宰杀牛羊、烤羊肉串,吊水、烧火煮饭,情景逼真,充分显示出陕北高原的农民和牧人劳动生活场面和特点。

东汉画像石,工艺纯熟,风格质朴,画面生动,堪称东汉艺术的瑰宝,充分体现了无名匠工娴熟的技巧和丰富的创造力。这些画像石,是不可多得的珍贵史料,对研究汉代的农牧劳动、衣冠制度、音乐舞蹈、车舆马具、建筑艺术、神话传说及民间习俗等有重要价值。现存米脂县真武庙(李自成行庙)内的一块巨大画像石,在国内数一数二,是罕见的珍品。

8. 开成石经

在西安碑林博物馆有一面刻着密密麻麻的楷书小字的石墙。这面石墙由100多块石碑组成,这就是有名的唐开成石经,也称"开成十二经"。

在战国以后,"经"是指我国古代传统的儒家思想的经典著作。自从春秋时孔子删定《诗》《书》《礼》《乐》《易》《春秋》以后,"六经"的说法逐渐固定下来,并因孔子而成为神圣的儒家经典著作。汉代尊崇儒学,这时六经中的《乐

▲《开成石经·周易》(拓本,局部)

经》已不存在,汉武帝立五经博士专门研究《诗》《书》《礼》《易》《春秋》五经,经学大盛。到东汉,五经之外,又增加了《孝经》和《论语》,合为"七经"。儒家经典刻石最初就是出于这个时代统一经籍文字的需要,保存经书,便于人们照这个标准读本去抄写,具有永久性和权威性。175年(东汉灵帝熹平四年),将名书法家蔡邕等以八分隶手书的《周易》《尚书》《鲁诗》《仪礼》《春秋》五经,及《春秋公羊传》和《论语》共七经,在国都洛阳刻石,世称"熹平石经"。三国曹魏正始年间,又用古文、小篆、八分隶三体刻《尚书》《春秋》两部经书,世称"正始石经"或"三体石经"。到了唐代,虽然佛学对儒家思想影响很大,但经学仍有不可动摇的地位。唐初孔颖达作《五经正义》(《周易正义》《尚书正义》《毛诗正义》《礼记正义》《春秋左传正义》),又增加了《周礼注疏》《仪礼注疏》《春秋公羊传》《春秋谷梁传注疏》,合称为"九经",作为官方科举取士的标准。这时,经学仍在发展,经书文字本身也发生了变化。837年（唐文宗开成二年）,于国都长安用楷书再次将经书刻于石上,共刻114石,228面,世称"开成石经"。这次所刻,除唐代通行的上述九经外,还增加了《论语》《孝经》《尔雅》,成为"开成十二经"。汉代分经今、古文学,汉以后至隋唐,给今、古文经书作注疏者很多,流传有各种不同学派。开成石经并未刻上这些不同学派的注疏,只将经书原文,及已上升为"经"的春秋《公》《谷》二传原文刻石,所以开成石经也称"开成白文十二经"。

开成石经刻成后,竖立在长安城国子监内（今西安南门外）,唐末一度散落。唐昭宗及后梁时期,又陆续将这批石经移往原唐代尚书省西南隅。1086~1094年间（北宋哲宗元祐年间）,又将全部石经搬到府学之北,即今碑林所在地。以后陆续将散落关中的名碑聚集保存于此,逐渐形成碑林。

1555年,关中大地震,碑林内许多珍贵碑石受到损毁,开成石经也出现了断裂损字,西安府学生员王尧典等按旧文集出缺字,另刻小石立在碑旁。清康熙时,陕西巡抚贾汉复又从开成十二经中,辑字补刻了在北宋升格为"经"的《孟子》。所以,现在西安碑林的开成石经,实际上是十三部经书，共60余万字。

唐以后还刻过4次石经：944年（五代十国后蜀广政七年）所刻十经，世称"蜀石经"或"广政石经"，这次始刻上了经书的注文；1061年（北宋仁宗嘉祐六年）刻竣的九经，为一行篆书，一行楷书，世称"嘉祐石经"或"北宋石经"；南宋高宗所书刻于石上的六经（不同于早期"六经"），一般称"南宋石经"，无注文；1791年（清乾隆五十六年）所刻无注文的十三经，称"清石经"。加上开成石经及唐以前两刻石经，我国历史上共刻过七次这种合刻经书的石经。七种石经中，至今保存较完整的是开成石经和乾隆石经，而时代早于清石经的开成石经，最为世人所重。它是世界上现存最古的石刻巨著，

▼西安碑林博物馆展室内的唐《开成石经》

它和耸立在碑林碑亭内由唐玄宗注文、手书而刻石的《石台孝经》，都是代表我国古代传统文化的稀世瑰宝。

9. 唐三彩与耀州窑

唐三彩作为我国唐代有代表性的艺术品，早已蜚声中外。唐三彩出土最多的地方是关中的唐代皇陵和贵族墓葬。

唐三彩是一种带有多色釉彩的陶器。这种彩陶的历史可追溯到新石器时代，仰韶文化的典型遗址——西安半坡村，就以彩陶文化著称。不过那时的彩陶颜色单一，表面并无光泽，制作工艺也与唐三彩不同。西汉始出现彩色铅釉陶器，但还只是单色釉。南北朝时期的陶器不仅多种釉色交织，而且有些陶器的釉层里还有绿色彩带。唐初，采用铅釉的制陶工艺走向成熟。技艺高超的工匠们，给胎体表层分别施以加入了各种不同的金属氧化物的釉彩，再入窑烧制，就呈现出各种不同的颜色。比如加入铁就呈赭黄，加入铜就呈绿色，加入钴就呈蓝色，加入锰就呈紫色。釉的流动性很大，在高温烧制中自然往下流动，便渗润漫延出斑驳绚丽、千变万化的色彩来。所以，如果仔细观察唐三彩，就会发现它们没有哪两件是完全一

中华文明发祥地

▲ 唐三彩

样的釉色，这正是它的奇妙之处。而且，唐三彩的釉色极富光泽，造型更加精湛，在各方面超过了前代。

▲ 唐三彩马

唐代由于日用青瓷和白瓷都已发展起来，实用价值超过陶器，所以唐三彩主要作为皇室陵冢和达官贵人墓葬的随葬器。陕西考古发现的唐三彩种类繁多，主要有人物、动物造型和生活用具两类，都具有很强的艺术表现力。前者有文官武将、宦官侍僮、仕女贵妇和骆驼、马等。如乾陵章怀太子墓出土的一批三彩女俑，亭亭玉立，线条优美，造型逼真。而动物造型数量最多的是三彩马，千姿百态，神韵各异，动静结合，令人叫绝。还有骆驼载乐陶俑、骑马狩猎俑等，都是唐三彩中的精品。后者有碗、盘、钵、盂、盆、壶、瓶、罐、炉、枕等，还有园林、庭院、房舍等的模型。这些造型题材丰富，反映唐代社会生活的各个侧面，工艺也很优美。如凤首壶、双鱼扁形壶、贝形杯等，都造型奇异，充满艺术魅力。

唐三彩在初唐就输出海外，深受东南亚、中东、北非、西欧和日本、朝鲜等地人民的喜

▲ 耀州窑青釉刻花盘

爱。这些地方都先后发现过我国唐三彩遗物。因此，唐三彩在古代同中国丝绸一样，都是驰名中外且具有极高艺术价值的工艺品和高级生活用品。到了盛唐，唐三彩在烧制质量、造型、釉色及数量都达到了顶峰。随着安史之乱后唐王朝的衰落及瓷器的迅速发展，唐三彩开始走向衰退，像后世的"辽三彩"等，只是唐三彩的流风余韵。明清将釉色技术用于烧制琉璃瓦，三彩工艺不受重视，几乎失传。

1984年在陕西铜川黄堡镇耀州窑遗址，发现了专门烧制三彩器的唐代三彩窑3座，并出土了一批唐三彩及唐代低温釉单彩器（如唐三彩龙首套兽，制作精美，保存完好），说明这里可能才是唐三彩最早的产地，至少是唐代烧制三彩器的重要产地。

10. 昭陵六骏

昭陵六骏，是礼泉县九嵕山上唐太宗墓——昭陵前的一组大型浮雕。"六骏"，是指唐太宗李世民在建立唐王朝的战争中所骑过的六匹战马：飒露紫、什伐赤、青骓、白蹄乌、特勒骠、拳毛䯄（音瓜）。它们都曾跟随李世民纵横驰骋在广阔的战场上，涉激流、越峻岭，在当时茫茫的中原大地上留下了它们的蹄迹，对大唐帝国的基业有汗马功劳。李世民展示他的战功，追念名马的功劳，在营造昭陵时，命山陵使阎立德指导民间艺人刻成，安置在昭陵后阙前。

六骏浮雕，手法简洁、造型健美，每一匹战马栩栩如生，摆脱了宗教和象征的意味，成为驰名中外的艺术珍品。飒露紫表现这匹马在战场上受了箭伤，内侍丘行恭为之拔箭的一刹那，马胸突起，前肢挺立，后肢稍向后坐的微妙神态。拳毛䯄作走动姿势，神态自然，生动传神，躯体、四肢及关节肌肉的解剖比例匀称合度，给人以真切感。青骓、什伐赤、白蹄乌均呈奔驰飞腾的动态，给人以疾驰如风的印象。特别是马奔驰中所流露的激喘神情与肌肉、筋骨的紧张状态，表现得十分出色。另外，从六骏身上还可明显地看出雕刻着络头、缰绳、鞍鞯、镫及头、胸、臀部的饰缘等，给我们提供了研究唐代马饰、马具的实物资料。鞍下垂饰的"障泥"，使我们对李白"临流不肯渡，似惜锦障泥"的诗句加深了理解。

"六骏"是我国古代石雕艺术百花园中的

▲ 青骓

▲ 特勒骠

▲ 什伐赤

▲ 拳毛䯄复制品

▲ 飒露紫复制品

▲ 白蹄乌

中华文明发祥地

奇葩。但这组六骏艺术珍品,现在国内仅存四骏。1914年美国人毕士博,受费城宾夕法尼亚大学博物馆的派遣,以"汉学家""考古学家"的身份来华考察,当时的文物商人勾结当时陕西督军陆建章及地方官吏,以24万银圆将六骏中最优秀的两骏,即马前有内侍丘行恭的"飒露紫"和"拳毛騧"卖出。运走时,他们向群众谎称将此两骏运往省城保存。就这样,在军阀的庇护下,两骏被运去美国,现存在宾夕法尼亚大学博物馆。1918年秋夏之交,文物商人勾结当时陕西督军陈树藩,企图购运其余四骏。他们把余下的"什伐赤""青骓""白蹄乌"和"特勒骠"打成碎块,装箱运至渭河边的草滩镇,被礼泉人民发现。群众纷纷集合起来,一面派人监视不准运走;一面派人报告省议会。这时,陕西靖国军已经起义,为了配合人民的斗争,他们张贴布告,谴责陈树藩盗卖文物的罪行。因而其他四骏得以保留下来。

四骏现存在陕西省碑林博物馆内,供中外游人观赏。

11. 明代的关学

关学是以宋代张载以气一元论哲学为核心的思想体系,其后世的传人如王夫之等,并不限于关中；也可以理解为关中学者的理学思潮，其所传并不限于张载之学。明清的"关学"，一般多指后一含义。关学虽为张载所创，但宋元时代关中的理学在全国来说并不很发达，明中叶尤其是嘉靖以后，"关学"才出现了群星灿烂的繁荣局面。俺答封贡后，陕西边患渐息，而内部的经济政治和社会危机却一天天严重起来，促使人们对人生与社会的真谛进行认真反思，这就是前七子的文学与康海、王九思的曲、剧到明后期为理学家宣礼讲道的思辨气氛所取代的原因。但这一时期的"关学"对张载气一元论唯物主义倾向并没有多少发挥，而基本上继承了程、朱、陆、王的道统，所以它与张载的关学是有一定距离的。

明中叶陕西的理学受薛瑄的河东之学影响很大。薛瑄是明前期的大儒，山西河津人，其学"一本程朱"，提倡修身养性，认为自朱熹以来"道已大明，无烦著作，直须躬行耳"。这种以程朱为本的主张十分保守，但重视躬行实践这一点却给后来的关中学者以好的影响。天顺、成化年间，周蕙在兰州授薛瑄之学，其门徒薛敬之、李锦把它又传到了关中。

薛敬之，字显思，渭南人。师从周蕙，笃信周敦颐、二程之学，著有《道学基统》《洙泗言学录》《尔雅便音》《恩庵野录》等书。李锦（1436~1486年），字名中，号介庵，咸宁（今西安）

人，也是周蕙的学生。他抨击佛、道宗教思想，主张"以主敬穷理为归"，在程朱的基础上追根寻源。

薛敬之的学生吕柟（1479~1542年），字仲木，号泾野，陕西高陵人，是明中叶关中理学的代表人物。他于嘉靖年间主持解梁书院，当时王守仁的心学盛极一时，吕柟"独守程朱不变"，对王学主观唯心主义的"致良知"学说提出批评，主张"穷理实践"，学以致用。他在明代关中学者中以著述丰富见称，撰有《四书因问》《易说翼》《书说要》《诗说序》《春秋说志》《礼问》《泾野诗文集》等著作10余种。其学生如泾阳吕潜、咸宁李挺等均为关中名儒。

与吕柟齐名的另一位关中学者是马理（1474~1556年）。字伯循，三原人，早年受教于王恕，后又受教于杨一清，声誉提高很快。据说高丽曾派使者来抄录他的文章，而安南使者至京，也要打听"关中马理先生安在？"可见当时他在海外的影响。马理的成就主要在经学方面，他是研究《礼记》《仪礼》的专家。他所主修的《陕西通志》，是现存陕西省志中最早的一部，对陕西地方志的发展有很大影响。

明后期的万历、天启年间，冯从吾成为关学的代表人物。冯从吾，字仲好，号少墟，长安县人。他是王阳明派学者许孚远的学生，也是明代关学中把程朱理学与陆王心学融合起来的集大成者。他接受王阳明"致良知"的理论，但反对王门后学把它神秘化、禅学化，提倡从实践中获得良知，"取先正格言，体验身心"，并见诸实效。因此他积极参与了当时的政治斗争，是东林党一派士大夫在西北的首领，魏忠贤专权时，他受到迫害，郁愤成疾而死。他在陕西倡导东林的读书讲学之风，创办首善书院，虽然曾为阉党所捣毁，但却培养了新一代关中学者，后来的关中三李与王宏撰等人都受到冯从吾学术思想的影响。冯从吾著述宏富，有《元儒考略》《元儒语录》《冯子节要》《冯少墟集》《古文辑选》传世。他的学术活动，为明末大乱前夕的关学作了总结。

12. 前七子和明代陕西文学

明代陕西文坛与宋元时期相比有了一些复兴迹象。尤其是在明中叶，当时以诗、文、杂剧而称雄于中国文坛的"前七子"（李梦阳、何景明、徐祯卿、边贡、康海、王九思、王廷相）中有三人是今陕西境内人。

李梦阳（1472~1529年），陕西庆阳（今属甘肃）人，1493年陕西乡试的解元。刘瑾专权时，他以户部郎中之职参与了反刘瑾的斗争，曾为韩文等人起草弹劾刘瑾的奏文，以尖锐激烈轰动一时。后来刘瑾打击报复，把他逮捕入狱，准备处死。经康海极力营救才得幸免。李梦阳在文学上反对当时流行的台阁体绮丽萎弱的文风，开前后七子复古主义潮流之先河，倡言"文必秦汉、诗必盛唐"，实际上，是要以汉唐文学的豪迈气概来矫正时文中的萎靡习气，有一定进步意义。

康海（1475~1540年），字德涵，号对山，武功人，1502年（弘治十五年）状元。曾任翰林院修撰，与李梦阳相唱和，对台阁体的时文名家很不恭维，因而"忌者颇众"。刘瑾专权时，以同乡关系笼络康海，康海拒不前往。后李梦阳因弹劾刘瑾被下狱，托人捎片纸给康海："对山救我。"为救李梦阳，康海只得拜谒刘瑾，救出李梦阳。刘瑾垮台后，李梦阳复职，康海却以党附刘瑾而被革职。从此结束了8年修撰生活，在故乡武功度过了30年后半生。他常常与"前七子"之一王九思相聚畅饮，抨击时政，抒发胸中郁闷，还制作乐曲，自弹琵琶，寄托情思。《武功县志》就是他居家初期所作。初刻于1519年，后再刊行，但多散佚。清乾隆年间，武功知县玛星阿得一抄本，由孙景烈据此翻刻，以后收入《四库全书》，才得以广泛流传。

前七子中第三个陕西人王九思（1468~1551年），字敬夫，号渼陂，户县人。正德初年为吏部郎中，也因同乡关系为刘瑾笼络，刘瑾被杀后又被列为瑾党而先遭贬谪，后令退休。康、王二人同乡，同在朝中为官，同因瑾党而被罢黜，同病相怜。常相聚于户县、武功间，借酒浇愁，放浪形骸，作曲编剧，自比俳优，与乐师歌妓一起演出，苦中作乐，以排遣忧郁之情，又成了明代卓有成就的杂剧、散曲作家。王九思曾以重金聘请乐师教其学琵琶，康海尤善此道，在他们的倡导下，关中文士转相仿效，使陕西一度成了明中叶曲、剧创作的中心。王九思作有杂剧《沽酒游春》《中山狼》（一折），散曲集《碧山乐府》和诗文集《渼陂集》等。康海的作品也有杂剧《中山狼》、散曲集《沜东乐府》和诗文集《对山集》等。这些作品反映了他们对世态炎凉、人情险恶的感慨，但比起元代戏曲的现实主义精神来，康、王的境界是有明显差距的。

李梦阳、康海、王九思之后，前七子的文风在关中由王维桢继承。王维桢、字允宁，华州人，官至国子监祭酒。他与前七子一样既傲世又有不得志的郁愤感。其诗文的风格多效法李梦阳。此外，与王维桢同死于关中大地震的韩邦奇也是一位深受前七子文风影响的陕西籍作家，而他的现实主义精神更为前七子所不及。

正德、嘉靖年间是陕西文坛在明代最繁荣的时代。此后文坛又有渐趋冷落之势，而以冯少墟为代表的理学思辨精神兴起，取代了文学家的浪漫精神而成为陕西文人士大夫关心的重点。

13. 明清陕西刻书业

雕版印刷的起源，可追溯到秦汉魏晋南北朝时的石碑拓片和战国以来的印章。但发明出雕版印刷的技术，印制出最初的印刷品，已到了唐代末期。唐以后的五代，开始大量刻印书籍。至北宋，相继出现了四大刻书中心：浙江杭州、福建建阳、四川眉山、山西平水(临汾)。

早在11世纪(北宋)，陕西就能用雕版印刷技术印制纸币。12世纪末(金朝中期)，陕西出现了最早的刻书，即华阴刊的《西岳华山志》。元代京兆府(西安)也刻过不少书籍。平水与陕西仅一河之隔，那里的刻书风气也会影响到陕西。进入明代，陕西雕版印书事业

▼明嘉靖年间陕西布政使司刻《东莱先生南史详节》

大大兴盛，刻书地方遍及西安、咸阳、朝邑、同州（大荔）、三原、彬县、泾阳、乾县、凤翔、汉中和延安等处。不仅官署刻书，藩府、书院、书坊、私人也都刻书。官刻本如明代

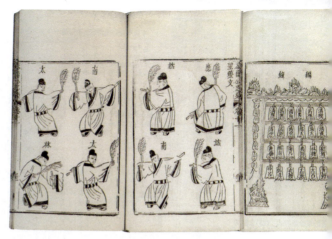

陕西布政使司刊刻的《十七史详节》、西安府刊印的有关长安的几种著名志书《长安志》《长安志图》和《雍录》；藩府本如明秦王府所刻《史记集解索引正义》和根据唐代陕西名医孙思邈的名著择要编成的《千金宝要》；书院刻本如西安正学书院所刻《国语》；坊刻本如合阳书堂合刻的《长安志》和《长安志图》；私人刻书如长安大藏书家、刻书家许宗鲁用古体字（即把小篆楷写）刻的《韵补》《吕氏春秋》等，都是明代陕西版刻佳品，此外，明末陕西科学家王征还刻过多种，可惜仅《奇器图说》和《两理略》流传下来。

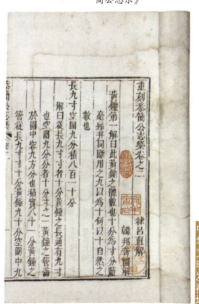

　　清代陕西刻书业有更大发展，形成西安、三原、朝邑、华县、

191

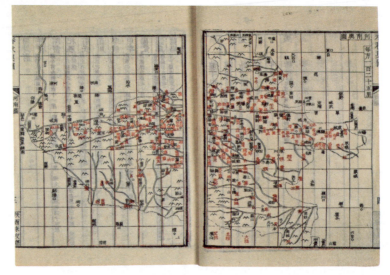

▲光绪十四年陕西
求友斋刻朱墨套印本
《春秋舆图》

安康等刻书中心。《康熙陕西通志》《雍正陕西通志》等，都是清代西安官刻志书，但这时刻的最多的还是理学著作。西安坊刻书肆这时已达十余家。三原在明清两代一直是关中地区文化较发达的地方，《惜阴轩丛书》就是藏书家李锡龄辑，宏道书院刊刻的综合类大型丛书。三原东里堡刘家在清末还刻过《传经堂丛书》，后来，清麓书院又刊刻了《清麓丛书》，都是以理学著作为主的大型丛书。在清末"西学东渐"的风气之下，还刻印大量理学著作，反映出陕西的落后，只是对研究关学尚有一定价值。三原的九畹书屋等也有一些私人刻书。朝邑刊刻过《青照堂丛书》，华县、安康的刻书业也很发达，泾阳柏氏、蒲城味经堂等也都是清代陕西刻书业较兴盛的地方。

清末，石印、影印等新的印刷技术从西方传入，印制书籍已不仅局限于雕版印刷，至民国初年又传入了铅字排印的新方法，对传统雕版印刷冲击更大。此后，持续数百年的陕西刻书业逐渐走向衰落。

14. 清末关中四大书院

关中地区的关中、宏道、味经、崇实四大书院是清末陕西的重要书院，经历了我国近代化的转型这一社会历史的变革。

关中书院和宏道书院，历史悠久，规模宏大，分别由督抚和学政兼管。

关中书院建于明万历三十七年（1609年）。陕西布政使汪可授、按察使李天麟等为了工部尚书冯从吾（陕西长安人）讲学，特在西安城内设立了这所书院。有清一代，屡经修葺与扩建，光绪初年，已具相当规模，是当时陕西最大的书院。书院招收陕甘两省士子，由陕西巡抚兼管，山长的聘任、经费及学生录取都由巡抚决定。开设的课程主要是正学，即程朱理学。书院名义上是以提倡教化、移风易俗为办学目的，实际上它与府州县学一样，是以考课为主的科举预备学校。陕西名儒冯从吾、李颙、柏景伟等都先后至关中书院主讲过。

宏道书院,设在三原县城内。明弘治九年(1496年)由三原县王天宇创建。它同关中书院一样,也是主要录取陕甘两省士子学习。宏道书院主要由富户商贾出资修建,也经常受官方资助,并直接受陕西学政管辖(陕西省督学使署设在三原县城内)。宗旨是"明纲常之道,知修齐之理"。士子主要学习程朱理学,涉猎史志知识。《宏道书院学规》规定:"一日明德,父子有亲,君臣有义,夫妇有别,长幼有序,朋友有信,此为学习之目的也。"

味经书院,设在泾阳县城内,规模与关中、宏道两书院相同,面向陕甘两省录取士子。同治十二年(1873年)由陕甘督学许振祎奏请建立。修建经费由许振祎捐资和泾阳、三原、合阳、韩城、渭南等县绅商筹集。史兆熊、柏景伟、刘光蕡先后任山长。

在办学形式上,味经书院与官办性质的关中、宏道两书院不同,它为了避免"延师徇情敷衍之弊"和"经理侵蚀支绌之虞"的官办腐败现象,责成绅士主办;在办学方针上,关中、宏道书院以学习诗文为主,味经书院制订了以实学为主的方针。学习内容不只限于经书,而且要研习纲鉴诸史、文献通考等,强调学以致用的原则。主要课程有制艺、论策、经解、诗赋、法戒等;在教学方法上,主要采取课堂教学方法,山长每日登台讲解经史大义。

1885年，柏于俊和刘光蕡在味经书院内设立求友斋，开设经学、史学、道学、政学、天文、地舆、算法、掌故等课程。课程内容改变了传统的单纯读经，而增加了自然科学知识。求友斋还附设刊书处，出版西学和时务新书，它是陕西最早讲授西方新学的学堂。

1887年，刘光蕡任味经书院山长后，为了进一步实现他的教育救国主张，首先对书院课程内容进行了改革。他认为革新课程内容是教育改革的关键，他说，今日"世变为汉唐以来未有，即救变之才，其学问必不能尽循汉唐以来的成迹"，时世变了，课程也要增加新的内容。味经书院虽然提倡实学方针，但仍未超出穷经致用的范围，"即有研求经史，励志学修

▼西安关中书院

中华文明发祥地

者,第知考古而不能通今,明体而不能达用,无异词章之学而已"。所以在原有课程外,新开设了算学、时政、天文、地理、外文等,其中特别重视算学和时政两门。他认为"西人富强,以制器精奇,原本算术",今欲救中国不能不学算术。他强调"士子读书,以识今日时务为第一要义",要求学生读经史和西学书时必须与今日中国政治相印证,以明了中国社会的得失。1895年在书院内又设立了时务斋,要求学生每日读报,研讨国内外大事。

味经书院经过改革成为一所以传播自然科学知识和新思想为特色的书院,陕甘士子一时争赴味经。味经书院培养了一大批人才,著名数学家张秉枢、爱国教育家杨松轩、水利科学家李仪祉、国民党元老于右任、著名新闻记者张季鸾等都在味经书院学习过。

1896年,陕西巡抚魏光焘、学政赵维熙以"讲求实学,培养人才",奏请在味经书院旁建立格致实学书院,次年六月由三原、泾阳两县拨官款和绅商捐款兴建,十一月建成,取名崇实书院。山长由刘光蕡兼任。书院长年经费由省拨官款3万串存商号生息及味经书院刊书处拨银570两供支。书院设致道、学古、求志、兴艺四斋,1898年后将四斋并为政事、工艺两斋。课程开设以格致、算学、制造、英文等为主。书院内设有制造所,供学生实验习艺、仿制机器。

　　1901年,清廷宣布实行新政,废科举,兴学校,通令全国各地改书院为学堂。1902年,陕西巡抚李绍棻会同学政沈卫决定将味经、崇实两书院停办,将所有款项书籍并入宏道书院,并将宏道书院改名为宏道大学堂。同年,由陕西巡抚李绍棻奏请在西安城内考院及崇化书院旧址设陕西大学堂,1905年改为陕西高等学堂,辛亥革命时停办。1903年关中书院改为陕西师范学堂,培养中小学师资。